Hallo mein treuer Leser,

Die meisten die sich dieses Buch holen, kennen mich wahrscheinlich aus den sozialen Netzwerken (Der Poet Facebookseite der_poet_official auf Instagram) erst einmal danke für eure Unterstützung in dem ihr euch ein Buch geholt habt. Ich schreibe seit Mittlerweile 5 Jahren öffentlich im Internet davor immer nur für mich ganz altmodisch auf Papier, und ich hätte niemals damit gerechnet dass so viele Menschen in derselben Situation stecken bzw. steckten. Aber so sind wir Menschen eben, wir glauben nur uns ginge es Momentan so schlecht und niemand Versteht uns, doch die Anzahl meiner Leser zeigt uns doch nur eines „Wir sind nicht alleine, und ja, da sind genügend Menschen da draußen die unsere Lage nachvollziehen können, weil sie es auch durchgemacht haben..“

Das hier ist mein Nachschlagewerk, es umfasst alle meine bisherigen Texte bis zum November 2016 (Wer sich das E-Book holt, das wird immer wieder aktualisiert so dass dort immer alle neuen Texte drin sind)

Mein Buch „Tiefseelentaucher“ das im Frühjahr 2017 erscheint zu dem ich dann auch auf Vorlese Tour gehe in 10 Städten (Hamburg, Berlin, Hannover, Köln, Frankfurt, München, Nürnberg, Stuttgart, Wien, Zürich) wird dann 4 Geschichten von 4 Menschen enthalten, die ineinander verwoben sind und ich bin mir sicher das eine von den 4 Personen „Du selbst“ bist.. :)

Dieses Buch hier war dazu gedacht das du in bestimmten Situationen einen bestimmten Text aufschlagen kannst, um vielleicht eine Antwort zu finden. Viel Spaß beim Lesen oder sollte ich lieber sagen beim „Fühlen“..? :)Hallo mein treuer Leser,

Du wirst in deinem Leben oft an einen Punkt kommen, an dem du glaubst es geht nicht weiter, ein Punkt an dem du keinen Ausweg mehr siehst, wenn der Käfig im Kopf immer kleiner wird und das Atmen mehr einem Überlebenskampf gleicht und das Zittern in der Brust die überhand nimmt so dass du nicht mehr klar denken und handeln kannst, das ist der Moment an dem du gerade Zerbrichst...

Das ist der Moment, an dem dein Monatelanges manchmal auch jahrelanges nach Außen hin „alles gut" Kartenhaus in sich zusammenfällt, weil die Kraft aufgebraucht ist und du realisierst „Ich bin auch nur ein Mensch..." auch wenn du Monate und jahrelang wie ein Roboter funktioniert hast, bist du eben ein Mensch der gerade an seinem inneren Krieg zerbricht...

Du musst dich nicht Schämen dafür, lass dir auch nicht sagen es wäre eine Schwäche mal zu „Zerbrechen", denn die, die das zu dir sagen würden dir nie erzählen, von den Momenten als sie Zerbrachen, so sind wir starken Menschen eben, die wirklich wichtigen Kämpfe, bestreiten wir im stillen ohne Zeugen, ohne viel Lärm und Drama, wir Zerbrechen und kommen wieder, als wäre nichts gewesen...

Doch jedes mal wenn wir Zerbrechen, kommen wir zurück, ein wenig stärker, aber auch vernarbter, ein wenig Unsterblicher, aber auch verschlossener, bis wir am Ende so gebrochen sind, das wir unzerstörbar werden...

Bis uns dann jemand begegnet, der genauso Zerbrochen ist wie wir, und uns zeigt das Zerbrochen sein auch „Vorteile" hat, weil zerbrochene ganz genau wissen was sie wollen, im Leben, in einer Beziehung und eine ganz genaue Vorstellung haben von dem was ihnen gut tut, weil sie das schlechte schon zu genüge, gesehen, gefühlt und erlebt haben...

Es gibt keine Liebe ohne Schmerzen und kein Leben ohne Tiefen. Schmerz ist die Art wie wir an Weisheit und Stärke gewinnen, und wie wir eine „dicke Haut“ Entwickeln. Aber in der Zeit zwischen Schmerz und Weisheit verändern wir uns, weil niemand als dieselbe Person aus den Schmerzen zurückkommt, als die sie hineingegangen ist...

Und nach all der Veränderung, lieben wir immer noch, aber mit unserem „Alarm“ stets über unserem Herzen wachend, nicht mehr so vertrauensvoll, nicht mehr so unschuldig, nicht mehr so rein und nicht mehr als der hoffnungslose Romantiker der wir alle mal waren. Wir sind vorsichtig, wir haben Angst und wollen nicht zurückgewiesen werden. Wir wollen nicht Verbittern und nicht die gleichen Fehler noch einmal machen. Wir Brechen unbewusst andere Herzen um unser eigenes zu Retten und können Jahre lang leben ohne jemandem zu sagen wie wir Fühlen, weil wir wissen das der andere nicht dasselbe für uns Fühlt...

Wir Lieben, aber nicht mehr aus vollem Herzen, wir lieben nur in Stücken, wir lieben wenn wir uns sicher sind über jemandes Gefühl für uns, wir lieben wenn das Timing auf unserer Seite ist, wir lieben nur wenn alles „glatt läuft“ kein Risiko mehr eingehen ist für uns die Devise.

Wir hoffen immer noch, aber wir haben auch ein ängstliches Herz über die Jahre bekommen. Wir Denken darüber nach wie Dinge Schief gehen können, wie kurzlebig schöne Zeiten doch sind. Wir Leben aber wir geben uns dem Glück nicht ganz hin und halten es unbewusst auf Distanz, wir wollen/können nicht mehr daran Glauben das „schöne Dinge“ von Dauer sind, wir Reden uns immer ein dass dir das Leben die schönen Dinge immer wegnimmt sobald du anfängst dich an sie zu Gewöhnen...

Wir Träumen noch, aber ja nicht zu groß, wir Verfolgen unsere Träume immer langsamer nicht mehr mit demselben Hunger wie einst, weil wir Angst haben wieder zu Verlieren, wir wollen nicht Scheitern. Also Träumen wir in Reichweite, wir Träumen von dem was sicher ist, was machbar ist. Wir Glauben nicht mehr an Wunder, wir glauben dass uns so etwas nicht passieren kann, wir Glauben nicht dass wir das Verdient haben, weil wir Gewöhnt sind an Verlust und an Schmerz. Wir hörten auf an Träume zu Glauben als die Träume von einst sich in Albträume verwandelt haben...

Ich glaube nicht das „Heilung" eine gerade Straße ist. Es ist viel mehr eine kurvenreiche Strecke in die Berge und wieder hinab ins Tal und das immer im Wechsel. Mal fühlst du dich leicht und erholt, mit beiden Beinen im Leben stehend, die Nächte sind lang und du verschwendest keinen Gedanken an vergangenes das dich einst mal zu Brechen versuchte...

An anderen Tagen aber wachst du auf und alles fühlt sich schwer und langsam an, Appetitlosigkeit und Lethargie bestimmen deine Laune, eine Taubheit überzieht deinen ganzen Körper und du bekommst nichts mehr mit was um dich herum geschieht weil das solche Tage sind an denen du dich vor dieser Außenwelt nach Innen verschlossen hast. An solchen Tagen schreibst du dem Menschen der in deinen Augen für all das Verantwortlich ist, dass du ihn Vermisst. An diesen Tagen antwortet er nicht mehr, an diesen Tagen fragen sich deine Freunde „Wieso redet sie nicht..? Wo starrt sie da gerade hin..?" Du wirst ihnen sagen du hast kaum geschlafen und bist einfach nur mal schlecht gelaunt...

Diese Tage jedoch vergehen, eines Tages wirst du Aufwachen wieder Appetit haben und die Taubheit ist der Stärke gewichen die zurück in deinen Körper fließt. Du wirst den Raum vergessen in dem du dich vor der Außenwelt verschlossen hast und nach Freiheit streben, niemanden mehr Vermissen der dich einst mal Verletzte und dir selbst Vergeben für die Blindheit die ein gutes Herz eben so mit sich bringt... Du wachst auf und beginnst einen neuen Lebensabschnitt.. Dein Leben hat dich jetzt wieder zurück...

Ich bin nicht der Mann der dich Verrückt nennt und auf deiner Laune Feuer sät, wenn du Abends gestresst und wütend von der Arbeit kommst weil dort was Vorgefallen ist dass dich Verletzt. Auch wenn ich nicht verstehe was dort passiert ist, ich muss es nicht Verstehen. Alles was ich wissen muss ist dass du Verletzt bist und ich derjenige bin der dich jetzt Aufheitern muss, so dass du dich wieder wohlfühlst, dir dass Gefühl gebe das egal was da „draußen" passiert hier ist alles wieder Okay...

Ich bin ein Mann der dich Beruhigt wenn du leblose Dinge anschreist, wie einen Computer, dein Telefon oder Sorgen die keine sind. Der dir Hilft deine Probleme zu Lösen, das was dich Belastet mit dir zu Besprechen und dir wenn es mir möglich ist was abzunehmen von der Last auf deinen Schultern, anstatt am Rande zu stehen und dich zu Beobachten wie du Kämpfst und leidest. Ein Mann der dir zeigt dass es vollkommen Okay ist um Hilfe zu Bitten, dass du nicht allein bist und das du dich immer auf mich Verlassen kannst, weil ich weiß ich kann auch auf mein Babe zählen wenn die Stürme mich mal Heimsuchen...

Ein Mann der deine langen Texte per Whatsapp beantwortet, auch wenn sie lächerlich ist die Sache über die dein Text handelt und du dich umsonst Aufregst, bleibe ich sachlich und ruhig weil ich weiß das du „nur ausflippst" weil ich dir Wichtig bin und dir nicht egal ist was mit „uns" passiert. Der all seine Anstrengung in diese Beziehung legt, weil er auf etwas Langfristiges aus ist und nichts Vorübergehendes.

Ein Mann der sich nicht zu Schade ist, seinen Gefühlen freien lauf zu lassen, der seine Tränen nicht zurückhält wenn etwas in seinem Leben passiert dass ihn Bricht, dass ihm den Boden unter den Füßen wegreißt. Ein Mann der nicht glaubt weniger Männlich zu sein nur weil er jedes Stück seiner Seele mit dir zu Teilen bereit ist, der Mann der wirklich will dass du ihn kennst... Sein wahres ich mit all seinen Fehlern, Schwächen und Narben...

Ich bin ein Mann der dir nie das Gefühl geben würde du wärst eine „Psychopathin", nie das Gefühl geben du wärst „Verrückt" oder eine „schlechte Freundin", weil ich ein Mann bin der Versteht dass auch wenn du für dein Handeln verantwortlich bist du nicht immer die vollständige Kontrolle über deine Emotionen hast und die Angst die Kontrolle übernimmt und dich wegen „Unbedeutender" Dinge Ausflippen lässt, angst weil die Erfahrungen aus der Vergangenheit dir noch Tief in den Knochen sitzen, und ich das Verstehe...

Manchmal gehst du im Leben durch eine Phase die dir Weht tut, dich auf eine Art versuchst zu Brechen die es dir schwer macht dem Alltag zu folgen und du weißt nicht, ob alles je wieder gut wird.

Aber dann gehen diese Tage vorbei und dir ist plötzlich nicht mehr nach „Ich kann einfach nicht mehr..." zumute und du fragst dich was das bedeutet dass es dir auf einmal so gut geht. Du denkst dir vielleicht Ignorierst du deine Gefühle und sie kommen irgendwann wieder aus dem Nichts und Treffen dich wieder Hart.

Bis du eines Tages von der Arbeit nachhause fährst dein Song im Radio läuft du ihn ausgelassen Mitsingst und dir Gedanken darüber machst was es wohl zum Abendessen gibt und du merkst, dass du Glücklich bist...

Und als du gerade so aus dem Auto steigst und Richtung Haustüre gehst, sagst du in Gedanken zu dir „Vielleicht hat mich diese schwere Lebensphase nicht brechen können, weil ich stärker bin als das... Vielleicht kann ich alles überleben... Vielleicht weil ich nicht Zerbrechen WILL...!"

Ich hätte nie gedacht das einmal der Tag kommen würde, an dem deine Abwesenheit für mich angenehmer ist als deine Anwesenheit, wenn dich zu Ignorieren völlig normal ist und nicht so wie früher als ich es noch, als eine Möglichkeit sah deine Aufmerksamkeit zu bekommen...

Früher als ich noch dachte das Glücklich sein nur an deiner Seite möglich wäre, bis mir klar wurde, dass jedes mal wenn du wieder Näher kamst das Glück sich Entfernte weil du nur Enttäuschung im Gepäck hattest. Früher als ich noch dachte das du mein Glück vollständig machst, bis ich merkte, dass du derjenige bist der es unvollständig macht mit seinem Handeln und der Art wie du eine Beziehung führst...

Wir können niemanden Ändern oder auf Knopfdruck aufhören zu Lieben, aber wir können immer für uns selbst Entscheiden, wann wir unser
Herz zurücknehmen, um uns selbst vor größerem Schaden zu bewahren...

Und ja es ist wahr, dass du nicht immer glücklich sein kannst, aber du kannst Versuchen die Quellen des Unglücks in deinem Leben zu beseitigen... Und ich fange mit dir an...

Sie fragte, warum ich sie Liebe. Und ich konnte ihr nicht gleich einen Grund nennen, weil die Gründe sind nicht „einfach“ und werden es nie sein..

Ich liebe sie, weil sie auftauchte, als ich auf einer zweispurigen Autobahn dachte, dass Liebe nicht real war, dass Liebe nur Enttäuschung ist und nichts kann außer Herzen zu Brechen. Ich war manchmal soweit das Lenkrad einfach zur Seite zu Ziehen, mich vom Negativen Denken verleiten zu lassen und somit auch von der Straße abzukommen.

Immer wenn ein anderes Auto an mir vorbeifuhr, sah ich durch mein Fenster, aber ich sah nie jemanden in die gleiche Richtung fahren. Alles was ich sah waren Autos die mir entgegen fuhren für den Bruchteil einer Sekunde neben mir waren. Und manchmal fuhren sie so nah an mir vorbei, dass sie mich Wachrüttelten um dann in meinem Rückspiegel als ein immer kleiner werdendes Licht zu Verblassen. Sie waren nur ein paar unbedeutende Sekunden in meinem Leben

Aber als sie Kam, zog sie mich auf eine Art an wie es nichts auf dieser langen Straßen jemals getan hat, auch sie Fuhr ganz nah an mir vorbei und drängte mich fast von der Straße ab. Doch sie fuhr nicht einfach weiter, sie machte eine Wende, um mir zu Folgen so als ob sie mir sagen wollte „Ab jetzt bist du nicht mehr alleine...“

Und seitdem habe ich den Wunsch, sicher zu fahren... Ich habe einen Grund gefunden zu leben... Ich habe einen Grund gefunden, auf dem richtigen Weg zu bleiben...

Und das ist Liebe... Sie ist die Liebe...

Wir wünschen uns geliebt zu werden, doch haben selbst Angst uns zu Öffnen und drängen so Menschen aus unserem Leben mit denen es wirklich Zukunft hätte haben können. Wir tun alles um diejenigen, die wir Lieben zu Entfremden weil uns gesagt wird dass Liebe „Schwäche“ ist die gegen uns Verwendet werden kann und das Verwundbarkeit „Uncool“ ist, so obsiegt unser „Desinteressiertes“ Verhalten nach Außen obwohl wir innerlich doch so sehr wollen.

Wir sagen wir wollen Ehrlichkeit und doch Schwimmen wir selbst in einem Meer von „Entschuldigungen“ und „Vorwänden“ um uns ja nicht Öffnen zu müssen, um nicht wieder zu „Fallen“, um nicht mehr den „ersten Schritt“ machen zu müssen, aber vor allem um uns einzureden das etwas eh kein Sinn ergeben hätte und beginnen wieder mit dem „Verdrängen und auf neues Konzentrieren“ Spielchen.

Wir sagen wir wollen „Glücklich“ sein, aber wir Klammern uns an Dinge die uns Weh tun. Und wir wollen immer alles gleich bekommen, so geben wir uns dem Groll, dem Zorn und der Bitterkeit hin weil uns gesagt wird das man nur auf diese Art Respekt bekommt. Uns gesagt wird das zu Höflich zu sein uns nicht weiter bringt im Leben und so Verlieren wir Stück für Stück die Menschlichkeit in uns selbst.

Wir sagen dass es wichtig ist sich selbst zu lieben, dabei sind wir viel zu Hart zu uns selbst, wir nehmen unsere Misserfolge anstatt unsere Erfolge mit Nachhause, wir Erinnern uns andauernd an das schlechte was uns Menschen angetan haben und Vergessen viel zu Schnell das gute und die Hilfe anderer und wir Schlafen mit den Stimmen im Kopf ein, die uns Verwirren mit Vorwürfen und mit Fragen plagen über Dinge die nicht mehr zu ändern sind, anstatt uns selbst zu Vergeben und auf ein bessere's Morgen zu hoffen...

Wir sind immer im Widerspruch zu uns selbst, aber wir wollen Konsequenz. Sind immer im Krieg mit uns selbst, aber wir wollen Frieden. Wir sind zu Hart zu uns selbst, bitten aber um Güte, und wir erwarten die echte Liebe zu finden, wenn wir selbst jemand anderem nicht einmal sagen können wie wir wirklich für denjenigen fühlen...

Sind wir so an diese Chaotische Lebensweise gewöhnt, dass wir unbewusst nach Chaos streben..? Sind wir jetzt Süchtig geworden nachdem Schmerz geworden den schnelllebig Beziehungen so mit sich bringe..? Lassen wir uns unbewusst Zerstören von Gefühlen ohne wirkliches Zuhause..? Ist dieses Leben das die meisten mit einem Blick nach hinten auf vermeintlich „gute Alte Zeiten“ Leben wirklich etwas mit Zukunft..?

Du denkst du hast sie „Nackt“ gesehen weil sie ihre Kleidung abgelegt hat..? Und deshalb glaubst du sie zu „Kennen“..?

Doch Erzähl mir mal von ihren Alpträumen, ich meine die Alpträume die sie Nachts im Bett neben dir Zucken ließen während du Ahnungslos geschnarcht hast...
Warum schreibt sie...? Warum malt sie..? Warum nimmt sie gerne lange Bäder und warum blickt sie manchmal für Minuten ins Leere und welche Gedanken hat sie dabei? Erzähl mir von ihrem Leben und ihrer Kindheit, Erzähl mir von den Dingen die ihr Herz berührten und von dem Mann der ihr zum ersten Mal das Herz brach...

Erzähl mir von ihrem Vater und welche Eigenschaften sie an ihm Liebt, von ihrem Bruder und von ihrer Mutter und was sie von ihr Gelernt hat...

Erzähl mir von ihren Dämonen und inneren Kämpfen, ihren Ängsten, Unsicherheiten und von den Gedanken die sie bereit war nur dir zu Erzählen...
Erzähl mir was sie vom Leben denkt, vom Leben erwartet und vom Leben bis heute gelernt hat, an welche Orte dieser Welt sie noch Reisen möchte, warum ihre Lieblingsstadt, ihre Lieblingsstadt ist und Erzähl mir all die winzig kleinen Dinge die sie sich insgeheim wünscht wenn sie die Augen schließt...

Nein mein Freund, du hast vielleicht ihren Körper gesehen, aber du hast sie noch nie „Nackt“ gesehen....

Ich bin müde und kann dich nicht mehr Lieben...

Ich lache über mich selbst und gleichzeitig bin ich auch Müde... Müde davon meine Erinnerungen an einen Menschen zu Binden dem ich egal bin. Ich bin müde geworden von den ständigen auf und ab's, dem hin und her von Distanz und Nähe...

Ich bin müde von deiner Art die meine Gefühle in ein Ungleichgewicht bringen so dass die stetige Angst vor dem Beziehungsende immer über uns Schwebt. Ich bin müde von dem nervösen Gefühl in der Magengegend, wenn dein Desinteresse allgegenwärtig ist und ich weiß das ich mich in dieser Situation nur selbst Verletze und ich bin müde davon...

Ich bin müde von der mulmigen Vorfreude auf deinen Anruf oder einer Nachricht von dir, ich bin es leid so zu tun als wüsste ich nicht dass deine „Ausreden" wieso du keine Zeit hattest nicht gelogen wären.

Wie auch immer, ich kann nicht weiter eine Ausgeburt meiner Fantasie lieben denn mehr als das sehe ich nicht mehr in dir. Ich bin müde davon mein eigener Fremder zu sein, weil ich mich selbst nicht mehr erkenne. Und das nicht weil ich dich liebe... Nein, ich liebte die Idee von dir, mehr auch nicht... Das weiß ich heute...

Schau die Sache ist, ich kann dich nicht länger Lieben, weil ich mich langsam wieder in mein Leben verliebe und ich sehe dort keinen Platz mehr für dich. Meine Gefühle beginnen einen für mich logischen Ton anzuklingen und ich Wachse innerlich und fühle meine Kräfte wie sie wieder zurück in meinen Körper kommen. Ich weiß jetzt das es manchmal besser ist allein zu sein als mit einem Menschen dem du eigentlich völlig egal bist. Ich habe erkannt...

Dass ich selbst die Liebe bin die ich gesucht habe und ich selbst das Gefühl in mir trage, dass ich schon so lange vermisst habe...

„Gute“ und „Schlechte“ Frauen....

Ich habe schon lange aufgehört Frauen nach richtig und falsch zu Unterscheiden, es gibt Frauen die manche als „zu Freizügig“ bezeichnen wegen ihres Kleidungsstiles, doch habe ich gelernt dahinter zu Blicken und sah oft eine „Selbstbewusste“ Frau der egal war was andere Denken und oft hatte Sie weniger mit Jungs zu tun wie eine die man als „Brav“ von der Kleidung bezeichnen würde...

Es gibt Frauen die auf andere „Kalt“ und „Herzlos“ wirken, deshalb nennt man sie „Eingebildet“ und „Hochnäsig“, aber das Leben und meine Erfahrungen lehrten mich hinter den ersten Eindruck zu Blicken, alles hat seine Gründe die tief in dieser Frau vergraben sind, Du der Sie eingebildet und hochnäsig nennt, kennst ihren Lebensweg mit all den Schlaglöchern nicht, Du warst nicht dabei als das Schicksal zum Schlag ausholte und Sie traf... Du weißt nicht ob Sie noch kämpft, schon am Boden liegt oder sich gerade wieder versucht aufzurichten... Du siehst nur Schminke, schöne Kleidung und eine Frau die Dir nicht in die Augen sehen will... Weil Sie vielleicht etwas Versteckt und nicht möchte das Ihre Augen sie Verraten....

Es gibt Frauen die egal wie viel Sie anderen Helfen, egal wie sehr Sie versuchen eine gute Freundin zu sein und egal wie stark Sie lieben und Kämpfen während Sie in einer Beziehung sind, Sie werden immer von einem schlechten Ruf verfolgt der wie ein Schatten über ihrem Glück liegt... Gerüchte sind schnell gesät und der Neid ist schnell geerntet, Sie ist eine Kämpferin was auf andere manchmal Böse wirkt was Sie aber gar nicht ist... Sie hat es nur Satt von Menschen denen Sie half, hintergangen zu werden, von Menschen denen Sie eine gute Freundin war, betrogen zu werden und Sie hat es unglaublich Satt sich um ihren Ruf zu Kümmern, weil Sie lernte egal wie gut Du Dich gibst in dieser Welt... Es gibt immer jemand der Heimlich mit dem Finger auf Dich zeigt und mit „Hast Du das über Sie gehört....“ beginnt..
Was ich damit sagen möchte...? Hmm...

Eine „gute“ Frau gibt es nicht in einer Welt in der jeder jeden mit Dreck bewirft... Und eine „schlechte“ Frau wird nicht als schlechte Frau Geboren, Sie ist immer das Ergebnis ihrer Erfahrungen im Leben und der Männer die Sie „nicht“ zurück liebten..

Trauere Menschen die Dich aufgegeben haben nicht hinterher...

Es wird der Punkt in ihrem Leben kommen an dem Sie merken, das Sie jemanden Aufgegeben haben, der Sie nie aufgegeben hätte...

Trauere Menschen nicht hinterher denen dein Lächeln nicht mehr wichtig war... Es wird ihnen wehtun, wenn Sie erstmal sehen das Du auch ohne Sie Lächeln kannst...

Trauere Menschen nicht hinterher, die nur Kälte zu geben haben...
Vertrau mir, Sie werden deine Wärme vermissen, weil das Leben ihnen zeigen wird das Du das einzig Sichere warst in einer unsicheren Welt....
Dass Du Ihr Zuhause warst für ihre Seele, die jetzt Obdachlos ist...

Dass Du für immer Ihre Erinnerungen bewohnen wirst, während Sie jemanden wie Dich ein Leben lang versuchen zu ersetzen...

Vertrau mir, wenn ich Dir sage das Du besonders bist auf eine einzigartige Art und Weise, das jemand nach genau dem einen Sucht was Du zu bieten hast egal wie sehr die anderen sagen das es „nicht genug" ist... Für jemanden da draußen ist das was Dich ausmacht „alles"was er je wollte...

Du bist ein toller Mensch, mit Narben, einer Vergangenheit reich an Erlebnissen, gezeichnet vom Leben und dem stetigen Kampf...

Du wirst vielen begegnen die Dich nicht verstehen, egal wie oft Du etwas Erklärst, vielen begegnen die deine Gefühle nicht erwidern, vollkommen egal wie sehr Du kämpfst und viele werden Dich nicht so Sehen wie Du wirklich bist und es Spielt keine Rolle wie ehrlich Du Dich gibst...

Sie müssen es auch nicht, es ist nicht ihre Reise zum Glück, nicht ihr Abenteuer das sich Leben nennt und es ist auch nicht Ihr Herz, Ihre Seele und vor allem sind es nicht Ihre Sehnsüchte denen Du nachjagst in der Hoffnung auf Erfüllung....

Du bist gut wie Du bist und bleibe Dir und deiner Reise die sich Leben nennt treu...

Wie oft schon blickten wir hinter Türen die wir für längst verschlossen hielten in der Hoffnung einen klitzekleinen Blick auf das alte Glück zu erhaschen...

Wie oft schon blickten wir mit einem lachenden und einem weinenden Auge durch das Fenster der Vergangenheit dass wir lange nicht mehr putzten weil wir nicht mehr hindurchsehen wollten und doch tun wir es immer wieder, auch durch den trüben Staubfilm der auf der Fensterscheibe liegt...

Wie oft gehen wir im Leben 2 Schritte zurück und das nur weil wir uns mehr nach Vergangenem sehnen als das wir uns auf das kommende Freuen, wie oft bestrafen wir „Unschuldige“ mit unserem Verhalten, unseren Worten und Taten weil „Schuldige“ uns prägten...

Wie oft bleiben wir im Leben an Dingen hängen die eigentlich nicht von Bedeutung sind, lassen aber Dinge mit einem lockeren Schulter zucken hinter uns die Menschlich gesehen wirklich wertvoll sind...

Stolz....

Jeder sagt dir das du Stolz sein musst, das du deinen Kopf hochhalten sollst und das du immer alles dafür tun musst, um deinen Stolz zu bewahren. Aber die Linie zwischen „sich selbst Schützen" und „zu Stolz und deshalb dem eigenen Glück im Weg" ist verschwommen und oft nicht zu erkennen.

Um so verkrampfter du an deinem „falschen" Stolz festhältst desto mehr Menschen, Chancen und Möglichkeiten auf das wahre Glück verlieren wir, manchmal glaube ich dass der Stolz ein Korb ist in den wir all unsere Ausreden, Unsicherheiten und Ängste hineinwerfen um uns all dem nicht Stellen zu müssen...

Ich sage nicht das du dich „unter Wert" hergeben solltest, aber wenn dein Stolz dich Unglücklich macht, solltest du dir vielleicht darüber Gedanken machen was für eine Art von Stolz dass eigentlich ist. Jemandem als erster zu sagen „Ich liebe dich" macht dich nicht weniger Stolz und Gefühle zu haben macht keinen Kratzer in deinen Stolz, auf jemanden zuzugehen lässt deinen Kopf nicht tiefer hängen als sonst und sich mal zu Entschuldigen wenn man mal einen Fehler gemacht hat zeigt viel mehr das du Ehrlich bist zu dir selbst und Charakter besitzt...

Jemanden der dich Verletzt hat zu Vergessen, ohne auf Rache zu sinnen, bedeutet nicht das du jemand bist mit dem man alles machen kann, es bedeutet dass du dich für deinen Seelenfrieden entschieden hast, anstatt dich am Leid eines anderen zu Beteiligen nur weil andere dir sagen „Wenn du Stolz hast dann zahle es ihm/ihr zurück..!"

Manchmal klammern wir uns an unseren falschen Stolz und lassen uns von ihm führen, ohne wirklich zu wissen, wohin er uns führt, so drängt der Stolz möglicherweise die guten Menschen aus unserem Leben und manipuliert uns manchmal soweit dass wir Denken jemand wüsste uns nicht zu Schätzen obwohl derjenige gerade sein Bestes gibt, um in unserem Leben zu bleiben, denn das Problem mit dem Stolz ist dass er Blind und impulsiv ist und wir Glauben er kenne uns besser als wir uns selbst und deshalb Vertrauen wir ihm und Treffen aus dem Stolz heraus die falschen Entscheidungen die wir insgeheim bereuen aber niemals laut aussprechen würden, aus Stolz...

Doch die traurige Wahrheit am Ende ist, dass unser Stolz eine Ansammlung unserer Unsicherheiten ist unter einem Tarnanzug, unter dieser Tarnung verstecken wir all die Dinge die uns jemals weh getan haben, all die Gesichter die unser Herz mal brachen, all die Momente in denen wir dachten wir wären nicht gut genug für jemand bestimmtes, all die Momentaufnahmen in denen wir uns nicht selbst lieben konnten...

Sie sagen dir alle „Bewahre immer deinen Stolz" aber niemand sagt dir wie du dich vor ihm Retten kannst, wenn es sich zu einem Monster entwickelt das alles und jeden Abblockt mit dem Vorwand dich nur „Schützen" zu wollen...

Es liegt in der Natur des Menschen süchtig nach Dingen zu werden die uns den Schmerz nehmen oder uns, wenn auch nur vorübergehend davon befreien...

Die Tragödie daran ist, dass uns Dinge nach denen wir uns am meisten Sehnen, oft damit Enden dass sie uns Zerbrechen. Wir alle haben Schwächen und haben schon Dinge getan auf die wir Rückblickend nicht Stolz sind, wir tun heute Dinge in dem Wissen dass uns der Schmerz morgen so verdammt hart Treffen wird, in dem wir Menschen lieben von denen wir ganz genau wissen sie sind nicht gut für uns... Und doch tun wir es immer wieder, verlieben uns immer wieder neu, Vertrauen auf ein neues und geben Chance um Chance von denen wir insgeheim wissen sie sind Vergebens, doch tun wir es immer wieder weil wir der Enttäuschung noch einen Tag Aufschub gewähren wollen...

Es gibt einige Gewohnheiten die verdammt schwer zu brechen sind, und diese eine spezielle Art von „Liebe“ gehört dazu, diese eine „Teuflische“ Art von Liebe...

Irgendwann realisierst du, dass der Teufel nicht mit einer großen Show aus der Asche empor steigt und auf Rache sinnt, nein er Versteckt sich leise und still unter den Dingen die du Liebst und du siehst ihn nicht bis der Schaden entsteht und das ist der Moment an dem die meisten vor den Berühmten „vollendeten Tatsachen stehen“...

Und auch wenn der teuflische Plan aufgedeckt und du Verletzt bist, so liegt es in der Natur des Menschen das der Verstand an den schmerzhaften Erinnerungen festhält während sich das Herz an die schönen Momente klammert und der Geist der Menschen die wir mal liebten uns Monate, Jahre bei manchen auch für immer Verfolgt obwohl sie uns doch so sehr weh taten... Paradox ich weiß, aber so ist der Mensch nun mal, er ist eine Ansammlung an Widersprüchen....

Eines Tages werden die Drogen dich Kaputt gemacht haben, die Party's nichts mehr in dir Auslösen, die Mädchen in den kurzen Röcken dich an das Erinnern was du eigentlich niemals haben wolltest und jeder Schluck Alkohol wird den Geschmack in deinem Mund hinterlassen wie den, den du hattest nachdem du sie am Hals geküsst hast... Du Ertrinkst nämlich gerade in deiner Reue...

Eines Tages wirst du sie Anrufen, in einer Nacht in der die Reue über dich obsiegt, die Bilder in deinem Kopf nicht mehr auszublenden sind auch nicht mit Alkohol, die Erinnerungen dich zu Boden ringen und kein Drogentrip dich davon Ablenken kann, dein Name wird auf ihrem Display aufleuchten und ihr dunkles Zimmer erleuchten und sie Wecken...

Aber sie wird diesen Anruf nicht beantworten, sie wird sich Umdrehen und weiterschlafen... Weil sie jetzt endlich wieder alleine Schlafen kann...

Und es wird dich hart Treffen, aber so realisierst du endgültig das du etwas mit Zukunft fallen gelassen hast für Vergängliches, du lieber den Miniröcken gefolgt bist anstatt für eine im Brautkleid zu Kämpfen, dich für die Party's entschieden hast während du heute alles dafür geben würdest für einen ruhigen Abend mit ihr auf der Couch...

Ich möchte keine „Moderne“ Art von Liebe...

Ich möchte keinen Menschen der mehr an Dating Apps, als an echten Dates interessiert ist, möchte keinen Menschen der es gewohnt ist auf seinem Handy so lange nach links und rechts zu wischen bis was besseres kommt, möchte niemanden der mit ein paar verlogenen Sätzen versucht fremde Menschen im Internet zu beeindrucken, möchte niemanden der in Profilbildern lebt und jemand der sich mehr für Profilbeschreibungen interessiert anstatt sich für die Seele und das erlebte eines Menschen...

Ich möchte keinen Menschen der wichtige Unterhaltungen per Chat klärt, der schöne Momente nur auf Snapchat festhält, anstatt sie zu genießen mit mir unter 4 Augen, keinen der unsere Liebe auf Selfies zelebriert, doch ist die Kamera mal aus, findet er plötzlich sein Lächeln nicht mehr..

Ich möchte keinen Menschen der meine Aufmerksamkeit daran misst, ob ich sein Bild like oder Kommentiere, ich möchte mehr sein als ein Like, möchte mehr als eine Benachrichtigung auf jemandes Handy sein...

Ich möchte keine „Moderne“ Art von Liebe, leicht zu ersetzen und zu vergessen da der nächste Chat, die nächste Freundschaftsanfrage, das nächste interessante Profilbild schon wartet, ich möchte eine Liebe die all diese Dinge uninteressant macht, eine Liebe die sich Offline nicht vom Online beeinflussen lässt, ich möchte eine Liebe die nicht einfach „geblockt“ werden kann...

Wir leben in einer Generation die es Perfektioniert hat sich nicht wirklich zu lieben aber auch irgendwie nicht zusammen zu sein, Aber wir geben dem anderen ein Gefühl das wir ein Paar wären, aus Angst diesen Menschen mit jemand anderem zusammen sehen zu müssen..

Der Fehler ist doch, das wir alles Zerdenken und zu Analysieren versuchen bis ins kleinste Detail, ein Anruf der Fragen offen gelassen hat, ein Blickkontakt der dich Irritiert, eine Situation in der, der andere so gehandelt hat das du Verwirrt bist von seinem Verhalten oder eine kleine Geste die wir versuchten zu Deuten. Aber wir Sprechen es nicht aus und lassen das ganze in unserem Gehirn eitern wie eine Wunde in die immer wieder dieselben Fragen und „Was ist wenn?" Interpretationen stechen, bis wir Explodieren und mit dieser Welle an Fragen, Vorwürfen und „Interpretationen" die sich unser Gehirn eingebildet hat eine Beziehung Ruinieren die das Potenzial hatte für die Dauer eines Lebens...

Es wird immer diese „Was wäre wenn's..?" geben die dir durch den Kopf gehen, was auch okay ist bis zu einem gewissen Ausmaß, weil es hält dich auf Trab an deiner Beziehung zu Arbeiten und lässt die Beziehung nicht zu Selbstverständlichkeit werden und wir verfallen nicht in diesen Schlafmodus in dem sich manche Beziehungen für Jahre befinden und wenn sie dann Aufwachen zu Realisieren das sie Jahre verschwendet haben und Zeit, die nie wieder zurückkommt...

Wenn es etwas gibt das ich dir mit auf den Weg geben kann, dann das man jemanden nicht Aufgeben oder sich durch die Finger gleiten lassen sollte, wenn man spürt „Ja das hat Potenzial", wenn du dein Märchen willst vom ersten Tag an, dann wirst du immer Enttäuscht werden, es braucht Zeit, Arbeit und vor allem den Willen alles durchzustehen was an dieser Verbindung zerrt. Kämpfe mit Händen und Füßen aber niemals mit unfairen oder verletzenden Mitteln, stell deinen Stolz beiseite nicht alles aber den Großteil davon, schalte deinen „Alarm" mal aus wenn dein Bauchgefühl sagt „Nach all meinen Erfahrungen kann ich dir sagen, hier ist es sicher.." denn oft Verschwenden wir viel zu viel Zeit und Kraft darauf uns zu Schützen vor etwas das gar keine Gefahr darstellt weil wir so abgefuckt sind aus alten Beziehungen das unser innerer Alarm so sensibel geworden ist, das er auch bei dem „richtigen" Partner Alarm schlagen würde...

Wieso sie so „schwer zu Erobern“ ist..?

Sie ist in einer Phase in ihrem Leben angekommen, an dem der Kontakt zum anderen Geschlecht weniger geworden ist man könnte fast sagen sie meide den Kontakt momentan sogar, da es an der Zeit war sich um sich selbst zu Kümmern, wieder neue kraftzutanken die all Kämpfe in der Vergangenheit gekostet haben, den Wunden Zeit zu geben so dass sie zu Narben werden können, sie möchte den Frieden in ihrem Alltag nicht mehr eintauschen für eine Beziehung die vielleicht wieder ein Chaos hinterlässt, sie genießt die Ruhe und ja auch ein wenig dieses „erleichternde“ Gefühl bestimmte Menschen hinter sich gelassen zu haben...

Wie willst du eine Frau „Erobern“ die zufrieden ist mit der Situation in der sie gerade ist und ein Mann sollte erkennen wenn eine Frau momentan einfach kein Interesse an nichts hat, weder eine Beziehung, noch eine Affäre und eine wie sie war eh noch nie für „One-Night-Stands“ zu haben...

Sie ist eine für alles oder nichts und momentan ist sie eben für „nichts“ zu haben außer für sich selbst, das ist nicht Egoistisch eher im Gegenteil, denn manchmal muss man sich ein wenig zurückziehen von all dem was um uns herum so ist, den Kreis von Menschen die einen umgeben ein wenig enger ziehen, sich vielleicht für ein neues Hobby begeistern, neue Leidenschaften entdecken, vielleicht sich selbst ein wenig besser kennen lernen...

Ja sie ist an einem Punkt angekommen an dem sie wirklich schwer zu Erobern ist und das ist gut so...

Eines Tages wirst du aufwachen und es wird dich nichts mehr Zerbrechen...

Eines Tages wirst du aufwachen und deine Augen werden nicht wie nach einer tränenreichen Nacht aussehen, du Öffnest deine Fenster und lässt das Licht in dein Zimmer und in deine Seele, eines Tages wachst du auf und ein gewisser Mensch ist nicht mehr dein erster Gedanke.... Eines Tages wirst du aufwachen und du wirst diesen Menschen nicht Vermissen... Eines Tages wirst du aufwachen und dir nicht mehr Wünschen es wäre zwischen euch noch wie „damals", wirst dir nicht mehr Wünsche das diese Person nie gegangen wäre und dir wird nichts fehlen weil du Komplett bist und im reinen mit dir selbst und du vollkommen zufrieden bist mit allem, so wie es gerade ist... Eines Tages wirst du aufwachen und nichts bereuen für das du dir bis zu diesem Tag selbst die Schuld gegeben hast... Eines Tages wirst du aufwachen und einsehen das du eben so bist, das deine Art ist zu Lieben, dass du so immer so sein wirst und dich nicht ändern wirst nur weil dich ein Mensch verletzt hat...

Eines Tages wirst du aufwachen und nicht mehr verwirrt sein, weil dein Kopf voller Fragen Ist... Eines Tages wirst du aufwache und es wird dir egal sein, wer was falsch gemacht hat, ob du jemals einen Partner fürs leben findest der dich auf dieselbe Art liebt wie du es tust, du lässt alles auf dich zukommen und alles andere lässt du gehen... Eines Tages wirst du aufwachen und diesem Menschen Vergeben und ihn Vergessen...

Eines Tages wirst du aufwachen und keine Wut verspüren, keinen Gedanken an Rache verschwenden, denn sein Geist verlässt deinen Kopf, dein Herz und dein Leben, du spürst wie sein Gewicht deinen Körper verlässt und du dich leichter fühlst, du wieder anfängst das Leben zu Fühlen mit jeder Faser deines Körpers... Eines Tages wirst du aufwachen und endlich realisiert haben "Ich habe mein Bestes gegeben und es hat nicht gereicht, es sollte eben nicht so sein, ich Akzeptiere es..." Eines Tages wirst du aufwachen und Einsehen das der liebe Gott einen besseren Plan für dich hat und das da draußen jemand ist der dir zu Verstehen gibt, wieso es mit keinem anderen Menschen vor diesem je hätte klappen können...

Schönheit ist nicht langes glänzendes Haar, schlanke Beine, sonnengebräunte Haut und Perfekte Zähne. Glaub mir, wahre Schönheit ist ein Gesicht das bis vor kurzem noch Geweint hat und heute wieder lächeln kann. Schönheit ist die Narbe am Knie vom Hinfallen als du noch ein Kind warst, Schönheit sind Augenringe von schlaflosen Nächten als die Liebe dich nicht Schlafen ließ, Schönheit ist der Ausdruck in deinem Gesicht wenn der Wecker klingelt, weil in keinem Moment bist du mehr du selbst als in diesem Augenblick, Schönheit ist wenn dein Make`Up unter der Dusche verläuft, ist das Lachen über einen Witz der nur bei dir im Kopf ein Bild erzeugt, es ist das schönste aller Lachen, Schönheit ist wenn du Weinen kannst um all das was war und dich Freust auf all das was noch kommt, du zurückblicken kannst, ohne
wieder zurückzuwollen weil Schönheit ist zu wissen das in der Vergangenheit zu Leben nichts bringt...

Schönheit sind die Narben, die Schläge aber auch die Liebkosungen die das Leben, die Erinnerungen und einzelnen Kapitel von uns übrig lassen...

Wir begegnen im Leben viel zu oft Menschen die glauben alles Ersetzen zu können und einen auch dementsprechend behandeln, die fälschlicherweise glauben das sie der Mittelpunkt des Universums sind, und sie uns deshalb kein bisschen entgegen kommen, sondern ihre Welt mit voller Wucht auf unsere Schmettern, anstatt eine zu erschaffen die das beste aus beiden Welten enthält...

Wir begegnen viel zu oft Menschen die sich mit uns an den Pokertisch setzen und das mit den schlechtesten Karten die man haben kann, aber auch mit dem wunder schönsten Lächeln und Worten so schön, das man ihnen alles Glaubt, und es sind diese Bluffs die es uns so verdammt schwer machen, in Zukunft wieder vor jemanden die Karten auf den Tisch zu legen..

Aber so ist das mit den Menschen, wir treffen Egoisten denen du vollkommen egal bist und merken sie du willst gehen, ändern sie sich für einen Augenblick, weil Verlassen zu werden ihr Ego schädigen würde und sobald sie sicher sind das du bleibst, fängt ihr Spiel von vorne an, doch auch der Egoist wird es noch lernen, sobald er merkt wie alles und jeder ihm aus dem Weg geht, weil sein Herz nach Einsamkeit riecht...

Wir treffen den viel zu anhänglichen Menschen, der uns die Luft zu Atmen nimmt und mit seiner Liebe erdrückt. Tief im Herzen meint er es eigentlich gut, doch auch er wird lernen müssen das jemand der in Ketten liegt, früher oder später versuchen wird zu Fliehen und da ist es egal ob die Ketten aus Stahl oder aus Rosen sind...

Wir treffen den gefühlskalten Menschen, aus dem du kein bisschen wärme herausbekommst, der aber zickig wird wenn du mal keine zeigst, von dem du nichts erwarten kannst außer Ignoranz und dem stetigen Kampf um seine Aufmerksamkeit, doch auch er wird lernen das niemand gerne dort bleibt, wo immer Winter herrscht...

Wir treffen den zerbrochenen Menschen, das ist eine Art Mensch der gelebt hat, der die Hochs und Tiefs kennt, der weiß wie hart das leben zu schlagen kann aber der auch weiß wie man ins Leben zurückkommt. Das sind Menschen die ihre Lebensgeschichten gerne Erzählen aber sie hören sich auch Geduldig die deinen an, zu jeder Narbe haben sie ein Bild im Kopf, zu jeder Atempause beim Erzählen ein Geheimnis das sie Auslassen beim Reden, und wenn du ihnen in die Augen blickst, weißt du.. Dieser Mensch würde mir nie was böses antun, weil er weiß wie es ist... Weil jedes Gefühl schon mal in seinem Herzen gewohnt hat...

Wie liebe ich eine Frau die noch nie geliebt wurde...?

Diese Frau ist was besonderes, sie hatte einen Funken hier und da, aber sie kennt es nicht wenn jemand für sie Brennt, sie weiß nur wie es ist, sich an jemandem zu Verbrennen. Der eine oder andere hat ihr mit Worten ein wenig Hoffnung gegeben doch die Taten warfen sie immer wieder zurück, manchmal so weit zurück das sie mit dem anderen Geschlecht nichts mehr zu tun haben wollte.

Und doch ließ sie es wieder zu das jemand über die Mauer klettern darf obwohl sie gelernt hat „Sie Klettern immer sehr schnell über die Mauer wenn sie glauben es gibt was zu holen, doch hinter der Mauer angekommen wird aus dem mutigen Kletterer eine Diva die erwartet das die Frau um ihn Kämpft..“

Aber wenn dich so eine Frau in ihr Leben lässt, musst dir klar sein das dies ein seltenes Ereignis ist, und das nicht weil sie Prüde ist oder schüchtern, nein sie weiß was sie will und vor allem was sie Wert ist.... Also wenn sie dich in ihr Leben lässt dann musst du wissen das du in ihren Augen was besonderes bist, das diese Sache mit euch für sie was großes ist...

Wenn du mit ihr auf ein Date gehst, erwarte nicht das sie sofort in deine Lebensgeschichten eintaucht und locker drauf ist als wäre so ein Date für sie etwas das sie 5 mal in der Woche macht, wie schon erwähnt für sie ist das was Besonderes, wenn du sie nach einer gewissen Zeit fragst, ob sie nicht mit dir Zusammen sein will, flippe nicht aus wenn sie Zögert, sie mag dich sonst hätte sie es nie so weit kommen lassen. Gibt ihr die Zeit, den Moment, lass sie Nachdenken weil sie geht nicht einfach so eine Beziehung ein, wie schon erwähnt für sie ist das eine „große Sache“ etwas Besonderes...

Zeig ihr das es gut war so lange zu Warten, zeig ihr das du es Wert warst all die Jahre ohne Liebe zu Leben, denn jetzt hat sie ja dich. Zeig ihr das du nicht gehst wenn es Ernst wird, das du bleibst auch wenn sie mal Schwierig ist und das du Geduld mit ihr hast, weil du jetzt weißt sie wurde bisher noch nie geliebt...

Und wenn du dich dann endgültig in sie Verliebst, zögere nicht sag es ihr, immer wieder und wieder, Zieh sie fest an dich und blick ihr in die Augen wenn du ihr diese 3 Worte sagst, beobachte ihre Augen genau, wie sie diesen Moment genießen weil sie so lange drauf gewartet haben, das dies geschieht... Dass sie Geliebt wird...

Pass gut auf, auf so eine Art Frau und Schätze sie, denn du bist der erste Mann der sie Liebt und wenn du sie nicht aus deinen Händen gleiten lässt, dann wirst du auch der letzte sein den sie liebt...

Warum es so schwer ist eine Beziehung zu Verlassen, die uns eigentlich nicht gut tut...?

Weil es da ein kleines Stück Hoffnung gibt das wir mit aller Kraft festhalten, weil es da ein Quäntchen Wahrheit gibt in dem Konstrukt aus Lügen, weil die Kette der Gewohnheit immer anzieht sobald wir Versuchen uns zu Lösen, weil wir einem einzelnen schönen Satz, der einfach so daher gesagt wurde mehr Bedeutung schenken, als den ganzen hässlichen Unwahrheiten die man uns den ganzen Tag über um die Ohren haut...

Wir Menschen sind eben so, wir müssen erst an der Art eines anderen Menschen Zerbrechen, um uns selbst zu Versprechen es in der Zukunft bei niemandem mehr so weit kommen zu lassen, wir müssen uns Vergiften lassen um für das Leben danach, Immun zu werden gegen diese Art von Gift, wir müssen uns selbst erst am Boden der Tatsachen finden, um zu Lernen aufzustehen aber vor allem um nie wieder dort unten zu Landen...

Es ist so schwer etwas zu Verlassen, in das man seine ganze Kraft gegeben hat, in das man seine Hoffnungen und Zukunftsvisionen gelegt hat und es ist so schwer ein Kapitel abzuschließen von dem man sich von ganzem Herzen wünschte es würde ein ganzes Buch füllen, ich weiß und verstehe dich, kenne diesen Kampf...

Aber ich kenne auch die Erleichterung die Eintritt, wenn du bemerkst wie das Gift langsam deinen Körper verlässt, der Stress und das Drama sich aus deinem Leben verabschieden und die Luft sich plötzlich anders in deinen Lungen anfühlt, weil dein Leben dir wieder „Schmeckt"...

Hmm.. Langsam Lerne ich...

Ich lerne langsam aber sicher, manche Dinge einfach so sein zu lassen wie sie eben sind...

Lerne Dinge nicht mehr zu erzwingen, renne nichts und niemandem hinterher, weil wenn du einer Sache hinterherlaufen musst... Dann will es nicht an einem Ort bleiben, nicht bei dir bleiben, es will nicht eingeholt werden und es will nicht an deiner Türe stehenbleiben... Ich vertraue auf den lieben Gott, das Schicksal und darauf das die Dinge so laufen werden wie sie zu laufen haben, ich werde nicht passiv bleiben und nur abwarten aber ich werde auch keine Kraft mehr in aussichtslose Kämpfe mehr stecken...

Habe gelernt damit aufzuhören Nachrichten zu „entschlüsseln" und aufgehört damit meine Zeit damit zu verschwenden bestimmte Andeutungen krampfhaft versuchen zu deuten, ich bin an einem Punkt an dem ich klare Antworten möchte und keine Andeutungen sondern lieber eine simple Geste möchte die mir zeigt, woran ich bin... Ich lerne langsam das ich nicht zu haben bin für den Kindergarten in dem man erraten muss wie der andere sich fühlt, was er möchte und was seine Absichten sind...

Ich musste lernen Menschen die nicht in meinem Leben sein möchten gehen zu lassen, sogar die Türe halte ich ihnen auf weil ich keine durchreisenden in meinem Leben haben will, weil mein Herz, meine Liebe und meine Treue nichts für „Gäste" sind...
Ich habe gelernt das es Okay ist wenn ich nicht alle Antworten habe auf die Fragen in meinem Kopf, das es Okay ist das ich nicht da bin, wo ich gerne wäre in meinem Leben, das es Okay ist wenn ich nicht immer das bekomme was ich will weil ich bis jetzt immer dass vom Leben bekam was ich brauche...

Langsam habe ich lernen müssen, mir zu Vergeben für die Fehler aus meiner Vergangenheit, weil sie nur zeigen das ich Dinge versucht habe die nicht richtig für mich waren, sie zeigen dass ich nicht immer auf Nummer sicher gegangen bin und das Risiko in Kauf nahm, sie beweisen nur das ich ein Mensch war der seine Chancen nutzen wollte, die Chance auf ein kleines Stück vom Glück...

Ich nehme die Weisheit aus all dem gelernten in mich auf, dass Fehler oft passieren weil wir etwas erzwingen wollen das nicht gemeint ist für uns und wir versuchten etwas zu bekommen, dass wir wahrscheinlich nie haben sollten...

Beziehungen Hmmm....

Wir „Reden" nicht mehr über Probleme, wir „Chatten" in unzähligen Nachrichten darüber... Gefühle werden in Form von „Smileys" in die nicht mehr „reale" Welt getragen und das Wort „Liebe" bleibt am Ende auch viel zu oft nur ein Wort dass das Gewicht einer Feder hat, es auf deinem Herz aber liegt, wie ein unendlich schwerer Stein...

„Unsicherheiten" bestimmen das Bild einer schönen Beziehung, weil aus Angst vor Enttäuschung einer von beiden nicht weiß was er will, und deshalb den anderen im Ungewissen lässt...

„Eifersucht" wird nur noch als „schlechte Charaktereigenschaft" dargestellt, da viele das Gefühl nie hatten das jemand so sehr Angst hat sie zu Verlieren, über „Vertrauen" spricht man als wäre es ein „Märchen aus alten Tagen", „Fremdgehen" ist nur noch ein „Unfall" bei dem der betrogene oft auch als „Auslöser" dargestellt wird...

Das „Beenden einer Beziehung" wird zu oft als „einziger Ausweg" gesehen, da „Reparieren" und „daran Arbeiten" dinge sind die Zeit und Geduld brauchen, die aber in einer Oberflächlichen und Schnelllebigen Welt nur noch selten jemand hat...

„Verletzt werden" wird zum Alltag und „Entschuldigungstexte" per Whatsapp Standard, doch nur auf Zeit und dann beginnt es von vorne, da die meisten Denken „Ich hab mich doch Entschuldigt, das reicht doch..." In einer Welt in der wenige das zu Bieten haben was sie selbst aber krampfhaft versuchen in anderen zu Finden scheitern die Beziehungen weil einer immer nur „Erwartet" und der andere „Erfüllen" muss... Einer zuschaut während der andere kämpft, einer den anderen „ändern" möchte, während er selbst keinen Kompromiss eingehen möchte und viel zu oft eine Beziehung daraus besteht das einer daran „festhält" während der andere ständig am „gehen" ist, aus „Gewohnheit" aber doch immer wieder bleibt und den anderen somit unbewusst verletzt in dem neue Hoffnungen im anderen Wachsen die auf Dauer nicht gehalten werden können..

Es wird uns allgemein schwer gemacht in diesen Zeiten überhaupt noch eine ernsthafte Beziehung anzustreben und an die Liebe zu glauben, aber ich betone immer wieder, Dir wird immer das im Leben begegnen was Du anziehst, ob unabsichtlich oder nicht da macht das Leben keinen Unterschied...

Vielleicht werden wir eines Tages die Antwort darauf bekommen, wieso gewisse Menschen uns Verlassen haben und nie zurückkamen. Eines Tages werden wir imstande dazu sein die Punkte zu Verbinden, um die Abschnitte aus unserer Vergangenheit zu Verstehen die in unserem Puzzle noch gefehlt haben.

Vielleicht werden wir eines Tages verstehen, wieso die Schicksalswinde bestimmte Menschen immer wieder in unser Leben wehen. Warum wir diese Lektion die sie für uns haben, wieder und wieder durchmachen müssen, vielleicht kommen sie immer wieder weil ihr Teil in unserer Zukunft viel größer ist als wir zugeben wollen, vielleicht Tauchen sie immer wieder auf um uns daran zu Erinnern das ihr Kapitel in unserer Geschichte noch nicht zu Ende ist...

Vielleicht werden wir eines Tages erkennen, das mal den falschen Menschen geliebt zu haben nicht ausschließt sich wieder zu Verlieben und das wieder von ganzem Herzen, weil ein Herz kennt keine Regeln oder Bedingungen und ist nicht an soziale Umgangsformen von Menschen gebunden. Es fühlt sich einfach und stürzt sich auf alles von dem es aufrichtig Berührt wird, vielleicht brauchen wir das, dieses Gefühl... Liebe ist Unerklärlich und bringt uns dazu Dinge zu tun die uns Fremd und Unvertraut sind. Etwas das uns an Magie glauben lässt, ein schöner Traum der sich in die Alltags Alpträume der Realität einmischt...

Vielleicht müssen wir uns einmal im Leben von allem Entfernen, um zu Lernen das die Einsamkeit dich nicht tötet und diese Ruhe die dann herrscht dein Freund sein kann. Vielleicht müssen wir einmal im Leben alle Kontakte abbrechen, um zu sehen, wem dein Fehlen sorgen bereitet, einmal eine Zeit lang keine Lebenszeichen von sich geben um zu sehen, wer dich wieder zurück ins Leben holen würde und um zu sehen, wer sich insgeheim gewünscht hat das du nie wieder den Weg ins Leben zurück findest...

Karma...

Warum so bitter, so traurig und warum so überrascht...? Hast du gedacht das die Sonne ewig nur auf dein Leben scheint und das Karma dich vergisst...?

Wer bist du schon, dass das Karma bei dir eine Ausnahme macht..?! Wer bist du schon, dass das Karma dich dein „Spiel“ ewig spielen lässt...?!

Diese schweren Tränen die gerade an deinem Gesicht runterlaufen, sie erleichtern gerade die Seele des Menschen, der deinetwegen Ozeane von Tränen verschwendet hat...! Dein Schlaf ist unruhig und Alpträume plagen dich..? Keine Sorge, das sind nur die schlaflosen Nächte die dir das Karma gerade berechnet, weil ein anderer in Nächten wie diesen, an dir und deiner Art mit Menschen umzugehen zerbrach, nur dieses mal zerbrechen sie dich..

Spürst du wie schwer dein Atem wird, wenn das Karma deine Stirn küsst..? Weil es kein Kuss aus Liebe ist, nein dieser Kuss bittet darum eine Rechnung zu begleichen, es ist nämlich Zahltag... Und kein Geld der Welt kann dich da herauskaufen...

Fühlst du die Last auf deinen Schultern..? Das sind Steine die das Karma gerade vom Herzen der einen Person nimmt, und sie Stein für Stein zurück zu dir bringt, und sie wird gnadenlos weitermachen, bis du unter dieser Last zusammenbrichst weil du dem Karma völlig egal bist, im Gegensatz zu der Person die du zerstört hast, für die du mal alles warst...

Ich hoffe dass das Karma dir auf die harte Tour zeigt, das du nicht größer, besser oder schlauer bist wie alle anderen Menschen... Dass du keine Ausnahme bist und auch du dem „Zahltag“ nicht entkommen kannst... Weil du es auf die „normale“ Tour nicht eingesehen hast oder du eben einfach nur gedacht hast, du kommst damit durch, anderen zu Schaden ohne selbst Schaden zu nehmen...

Ich wünsche niemandem was schlechtes, ich wünsche nur jedem das er beim dem Wort „Karma“, kein schlechtes Gewissen bekommt...

Sie ist die Art von Frau die wir Männer erst im Nachhinein zu Schätzen wissen, die wir erst Verlieren müssen um zu Erkennen wie schwer der Verlust auf lange Sicht gesehen wirklich ist. Wir sind abgelenkt durch belangloses um uns herum, dass wir die Frau die nur Augen für uns hat, damit Verletzen, in dem wir unsere Augen auf Dinge richten die keinerlei Bedeutung für unser Leben haben. Wir Enttäuschen die eine Frau die womöglich das beste ist was uns jemals passieren wird, in dem wir Frauen hinterherschauen die wenn wir heute zurückblicken, nicht mal den Dreck unter dem Fingernagel der Frau waren die wir Verletzt und zerbrochen haben mit unserer Art...

Sie ist die Art von Frau bei der wir das Gefühl haben „Ach sie wird immer bleiben, egal was ich tue sie liebt mich wie Verrückt“, ja sie liebte dich wie Verrückt und sie wollte auch immer bleiben und bis zu einem bestimmen Punkt war ihr auch „egal“ was du tust, doch bei jedem Menschen gehen die Kraftreserven zu Ende, der Geduldsfaden lässt sich nicht ins Unendliche spannen und der Glauben in deine Versprechen stellt sich irgendwann als Naivität heraus und niemand bleibt für immer gern der Stille der alles mit sich machen lässt... Vollkommen egal wie sehr sie dich Liebt...

Sie ist die Art von Frau die wir so Behandeln als würde uns jeden Tag so eine Frau wie sie Begegnen, doch weißt du Heute das niemals wieder eine kam, die auch nur Annähernd diese Aura hatte wie sie, keine die auch nur in die Nähe kam von dem Gefühl das sie dir geben konnte, es kamen viele und noch mehr werden gehen, auf der Suche nach einem Ersatz, doch egal wie lange deine Suche geht ich kann dir heute schon sagen das du nie wieder eine wie sie finden wirst.

Ich weiß es ist schwer Menschen los zulassen in denen wir so viel Zukunft gesehen haben, für die wir vieles Aufgegeben und so oft unsere eigene kleine Welt vernachlässigt haben...

Es ist schwer weil wir immer ein Stück von uns selbst dort zurücklassen, weil wir Erinnerungen mitnehmen aber auch viel von unserer Kraft dort haben liegen lassen, deshalb ist es so ein langwieriger Prozess, dieses loslassen, doch oft sind es die Gewohnheiten, der Alltag und all das was wir dabei mit dieser Person verbinden... Es ist zu Vergleichen mit einer Droge, dem Rauchen oder dem Trinken, es sind die Gewohnheiten die es so schwer machen aufzuhören, nicht die Droge selbst...

Aber das Leben ist ein unbeständiger Sturm, mal bist du der Tornado und mal bist du das Trümmerfeld das übrig bleibt, nichts ist Planbar und vor allem ist nichts selbstverständlich...

Und doch kommt für jeden von uns mal der Augenblick an dem wir bestimmte Türen endgültig und für immer Abschließen müssen und dann auch nicht mehr zurückblicken werden weil etwas in uns passiert das in Worten nicht zu Erklären ist aber jeder kennt es, dieses erleichternde Gefühl beschlossen zu haben los zulassen...

So steigen wir Gedanklich in den Wagen zurück in ein ruhigeres Leben, ohne künstliche Stürme erschaffen eines Menschen der das Drama liebt, zurück in deine kleine Welt die du nicht mehr fallen lassen musst, nur um die eines anderen Menschen immer wieder Retten zu müssen, zurück in DEIN LEBEN...

Den größten Fehler den wir Männer in einer Beziehung machen ist, wir sind nie zufrieden mit der Frau die wir erobert haben. Du hast die eine Frau die dich so liebt wie du bist, sie weint um dich, sie ist für dich da ob in Guten oder schlechten Zeiten. Sie weint vor dem Schlafen gehen wenn ihr euch gestritten habt, egal wie wenig Geld sie hat, an Geburtstagen versucht sie dir den schönsten Tag zu machen und egal wie leer der Kühlschrank ist, sie Zaubert dir ein Essen. Du spürst wie sehr sie dich liebt. Und obwohl du scheinbar alles hast, lässt du dich verführen.. Da kommt eine Stimme in deinem Kopf, „Ach die liebt dich so sehr die wird es eh nicht checken, wenn du dies oder das machst.“ So gehen wir auf Partys, gucken uns andere knapp angezogene Frauen an, die vielleicht einen schöneren Körper haben als deine Freundin, und wir fangen an zu zweifeln.. Wir lassen uns manipulieren, wir betrinken uns und flirten mit Frauen die unserer niemals das Wasser reichen könnten. Wir lassen uns manipulieren auf Facebook von schönen Profilbildern anderer Frauen, lassen uns Manipulieren von Single Freunden die uns einreden „Ach es kommen noch bessere lass erst mal Leben genießen“. Deine Freundin findet es heraus. Sie schreit dich an, verflucht dich, anstatt dich zu verbessern, hältst du dich für den King auf den die Frauenwelt nur gewartet hat, du verlässt sie, weil du dir in deinem von der Gesellschaft manipuliertem Kopf denkst. „ Ich lerne eh eine bessere Kennen, bin noch jung und hab alle Zeit der Welt. Ich scheiß auf sie „ du hast mehrere Monate dein Spaß, vielleicht Jahre.. Doch an deinem Geburtstag: wo ist der Anruf der dir sagt “Ich liebe dich, habe einen schönen Tag mein Schatz.„ Wo ist die Frau die an schlechten Tagen bei dir war, als niemand Zeit hatte? Wo ist jetzt die Frau die das in sich trug, das du nirgends mehr findest? Wo ist die Frau die dir einfach so was zu essen in die Arbeit gebracht hat ?? Wo ist die Frau die dir den Rücken frei gehalten hat, als alles um dich herum Zerbrach?

Denkst du das macht irgendeine von den Frauen die dich von einem „1000 gefällt mir Profilbild“ anlächelt“ für dich? Wo sind die Anrufe wenn es dir schlecht ging : „Schatz soll ich dir was vorbeibringen? Alles gut bei dir? „ Denkst du das macht eine von denen die Du auf den Datingapps kennenlernst? Für diese Menschen bist du nur eine flüchtige Bekanntschaft, nur ein Gesicht mehr das ihnen im schnelllebigen Internet begegnet..
Du hast Probleme und Sorgen mit wem willst du reden? Den schönen Profilbildern und den Flirts aus den Clubs bist du und deine Probleme egal, deiner Frau warst du niemals egal...

Männer lasst euch nicht „verführen“ von Frauen die nicht mal den Schatten eurer Frau wert sind, lass euch nicht von Single Freunden Manipulieren, die nicht Wissen können, wie wundervoll deine Frau ist...

Vergiss nicht, den Diamanten von dem du gerade deinen blick abwendest, um Steinen hinterher zu gaffen, er könnte der letzte sein der dir in deinem Leben in die Hände gelegt wird.. Pass auf ihn auf...

Sie ist nach außen hin Still vielleicht auch unscheinbar, doch in ihrem Innern tobt ein Krieg, dem sie sich in schlaflosen Nächten stellt, hin und hergerissen zwischen dem Verarbeiten von Dingen die sie erlebte und der Furcht vor dem Ungewissen das ihr im Leben noch bevorsteht...

Im Alltag ist sie humorvoll und am Herumalbern, verliert aber dennoch nicht den Blick fürs wesentliche, unter Menschen ist sie jemand den du nicht mehr erkennen würdest, wenn du sie nur einmal beobachten könntest, wenn sie alleine ist...

Ihre Augen sprechen Bände, doch sie sieht dir nie lange genug in deine, die Art wie sie spricht, verrät dir was sie schon hinter sich hat, doch sie spricht ja kaum mit jemand, das Gefühl in ihrer Nähe verrät dir welch gutes Herz sie hat, das schlimme ist nur, sie meidet die Nähe zu den allermeisten Menschen...

Geprägt von der Vergangenheit steht sie heute fest im Leben und weiß was sie will, nicht arrogant nur geht sie heute im Gegensatz zu früher vorsichtig damit um wem sie ihre Aufmerksamkeit und somit Kraft und Zeit schenkt, nicht kalt nur schützt sie das bisschen wärme was sie noch in sich trägt...

Das Bild das du von ihr als ein Mann hast der sie zum ersten Mal sieht wird nicht mal auch nur einen Bruchteil von dem zeigen wie sie wirklich ist, weil sie eine Tiefe hat die mehr als nur einen ersten Blick braucht um Entdeckt zu werden, sie eine Art Frau ist die dir die Welt zu Füßen legt aber dazu musst du eine Mauer nach der anderen einreißen, um sie so weit zu bringen, das sie jemals wieder einem Mann einen Platz in ihrem Leben gibt...

Du musst was besonderes sein, ein Mann der ihrer starken Aura ebenbürtig ist, der das an ihr Schätzt was niemand Zerstören konnte, das liebt was sie sich bewahrt hat nämlich die Güte in ihrem Herzen und die wärme in ihrem Blick wenn sie dich endlich so ansieht, wie sie sonst keinen Mann auf der Welt je ansehen würde....

Ich würde dich so lange „Geheim“ halten, wie ich kann..

Niemandem würde ich Erzählen, wieso ich gerade einfach so lächle, weil ich in diesem Moment eine lustige Szene im Kopf habe von unserem letzten Date, ich möchte niemandem von unseren langen Telefonaten bis tief in die Nacht erzählen, von unseren Flirtereien per Whatsapp und den sinnlosen Selfies die wir uns hin und her Schicken, niemanden von unseren Insider Witzen und Plätzen an denen wir uns treffen, um die Welt zu vergessen...

Ich möchte niemandem Erzählen das ich gerade dabei bin mich zu Verlieben, weil dann viele Fragen kommen und widersprüchliche Meinungen von Menschen die nicht wissen wie es ist in deiner Nähe zu sein, die den Duft deiner Haare nicht kennen und vor allem nicht wissen wie gut du mir und meinem Wesen tust, wie du mein Herz beruhigst und die Knoten in meiner Seele löst... Sie wissen es nicht und das soll so bleiben...

Ich möchte erst das wir alles voneinander wissen, bevor die Welt von uns Erfährt...

So sehr ich dich auch der Welt zeigen wollen würde, so sehr habe ich auch Angst davor, weil ich gesehen habe wie diese Welt dir etwas Wunderschönes nehmen kann, und in etwas Hässliches verwandelt, wie sie dir ohne Rücksicht das was dir so viel bedeutet aus den Händen reißt und für immer nimmt und ich bin einfach nicht bereit dafür, das „uns“ dieser Welt zu zeigen...

Geheimnisse sind wertvoll, sie werden gehütet und beschützt in Armen die wissen wie es ist etwas zu Verlieren, die den bitteren Geschmack vom Verlust schon kennen...

Ich will auch dein Geheimnis sein, bis wir uns sicher sind, bis wir uns dieser Welt stellen können... Im Wissen der andere würde mich nie Verraten...

Und irgendwann blicken wir zurück und sagen „Wir begannen als ein Geheimnis und heute sind wir die Wahrheit...“

Ich werde dich lieben um 6 Uhr Morgens, wenn du Aufstehst zur Arbeit, zur Schule oder wo auch immer dich der Weg des Lebens führt und wenn du nicht gut geschlafen hast ziehe ich dich an mich so dass du weißt „Mein Schlaf war schlecht aber ich bin an einem sicheren Ort aufgewacht“...

Und um 8 Uhr Morgens wenn wir uns Verabschieden für diesen Tag, du zur Haustüre hinaus hetzt in einer Hand dein Kaffee in der anderen die Autoschlüssel und wir uns trotz aller Hektik und dem Stress mit erfüllten Augen hinterher blicken, weil wir wissen des Abends die gemeinsame „kleine Welt“ auf den jeweils anderen wartet...

17 Uhr du kommst Nachhause müde und erschöpft von den Menschen die dir über den Tag zu Schaffen gemacht haben, dir zum Weinen zumute ist und du eine Zuflucht suchst von der Welt da draußen, küsse ich deine Stirn und lege meine Arme um dich wie eine schützende Festung, die sein inneres vor dem äußeren Beschützt... Und dein gestresster Blick sich langsam Entspannt und die Unruhe die du von draußen mitgenommen hast sich beruhigt, weil meine Nähe Frieden für dich ist...

Um 22 Uhr liegen wir im Bett und Denken nicht an Schlaf, lange Gespräche während wir mit Fingern Bilder an die Zimmerdecke malen, ich dich zum Lachen bringe wir aber gemeinsam auch über Gott und die Welt nachdenken, weil wir beide den Smalltalk hassen und uns gerne Verlieren in Gesprächen die mehr einem Abenteuer gleichen diese aber nur in unser beide Köpfe existiert...

3 Uhr Nachts, du Zuckst zusammen und wachst auf, ich Küsse dich sanft, ziehe dich an mich und sage „Babe, es war nur ein Alptraum, ich bin doch da, ich werde immer da sein, auch wenn wir alt und grau sind, ich werde dich immer lieben weil du das Beste bist in meinem Leben....“ Und dann schläfst du sicher und beschützt in meinen Armen ein...

Beziehungen und ihre Prüfungen...

Wir Menschen neigen oft dazu uns in schweren Zeiten nur noch auf das „Momentan“ schlechte zu Konzentrieren und all das gute zu Verdrängen weil wir unseren Kopf volllaufen lassen mit dem Negativen Einfluss der uns in schwierigen Zeiten eben umgibt...

Wir lassen es das der Zweifel am Partner in unserem Innern anwachsen die sich dann als Vorwürfe die wir dem anderen den Kopf werfen entladen, beginnen den Haken zu suchen, wo keiner ist es ist eben einfach „nur“ eine schwierige Zeit die es gilt gemeinsam zu überstehen, bei der, der einzige Haken eben ist das du einen suchst... Deine Letzte Beziehung hatte schwierige Zeiten, deine jetzige hat sie und die nächste wird diese auch haben... Es gehört eben dazu, Streit, Diskussionen und Meinungsaustausch sind normal wenn zwei eigenständige Menschen denen der andere nicht egal ist, sich entschieden haben sich ein Leben zu teilen...

In einer Welt wie dieser von Egoismus geprägt ist es doch das schönste einen Menschen an deiner Seite zu haben dem du nicht egal bist, in einer Welt in der überall nur Ellenbogen sind die dich am Weiterkommen hindern wollen ist es schön jemanden zu haben der gemeinsam mit dir nach einem besseren Leben strebt und in einer Welt in der es nicht mehr selbstverständlich ist eine Beziehung zu Pflegen, in der man auch an bitteren Tagen den kleinen süßen Moment zu Erkennen weiß, es nicht mehr selbstverständlich ist zu bleiben, wenn Stürme sich andeuten, dunkle Wolken aufziehen und die kleine Welt die man sich aufgebaut hat beginnt zu Wackeln, ist es schön jemanden zu haben der genau dann bleibt...

Eine Beziehung ist Arbeit, viel Arbeit aber in einer Zeit wie dieser wo sie sich erstmal jahrelang mit Fast Food Vergnügen, können sie mit einem 5 Gänge Menü wie dir nicht umgehen, weil das ja Arbeit für sie wäre, wo sie sich erstmal in flüchtigen Beziehungen mit Zelten herumschlagen, ist ein Haus mit einem starken Fundament wie du eben eines darstellst mit all deinen Vorstellungen einer Beziehung einfach zu groß, zu viel zum Pflegen und eben einfach zu viel Arbeit...

Mit Menschen die immer nur flüchtig in Zelten unterwegs waren wirst du schwer ein Haus das sicher steht bauen können, mit jemandem der schnelles und einfaches Fast Food gewöhnt ist, der wird niemals mit einem 5 Gänge Menü klar kommen... Weil sie keine Arbeit in nichts stecken wollen, weder in dich, noch in die Beziehung zu dir, noch in ihr eigenes Leben...

Sie enden als ewig suchende mit leeren Händen aber mit vielen Erinnerungen im Hinterkopf und noch mehr Reue in ihrem Herzen, weil sie Menschen gehen ließen, die noch da wären, wenn sie ein wenig mehr Arbeit in diese Beziehung gesteckt hätten... In diese Beziehung die sie heute noch Versuchen zu Ersetzen...

1/2

Hey liebes,

Die Liebe ist nicht immer Magie, nicht immer diese langanhaltenden Küsse und Schmetterlinge im Bauch, nicht immer lange Gespräche bis in die Morgenstunden, nicht immer Augen die über dein Gesicht streifen, Augen die jede Sommersprosse an dir lieben, nicht immer der Biss auf die Unterlippe während man sich Anblickt... Liebe ist nicht immer auf deiner Seite...

Oh liebes, ich wünschte das wäre sie...

Ich wünschte jede von euch würde sich so sehen wie ich euch sehe, als eine einzelne Schneeflocke in einem Schneesturm, eine schöne einzigartige Sammlung unersetzlicher Zellen die dich als Menschen ergeben,
ein Stück Kunst in einer zerbrochenen Welt, das Licht in jemandes Dunkelheit.. Weil du das auch bist, jede einzelne von euch..

Aber leider sehe ich wie wunderbare, herzensgute Frauen den Betrügern, Lügnern, Spielern und Männern von denen sie emotional Abhängig sind Chance um Chance geben... Wie sie Stück für Stück von sich hergeben für eine Beziehung von der sie Glauben es würde sie Zusammenhalten, dabei Zerbricht sie still und leise... Chance um Chance...

Ich sehe diese wundervollen Frauen, wie sie sich Brechen lassen, um Anschließend die raus gebrochenen Stücke wieder zusammensammeln nur um wieder die Kraft zu finden ihnen eine weitere Chance zu geben, weil sie daran Glauben wollen, das es besser wird, das er sich ändert... Und deshalb gehen diese Frauen jede Nacht seine schönen Textnachrichten durch, die gemeinsamen Selfies und Speichern diese in einer Box ganz hinten in ihrem Kopf ab... Um wenn er wieder „Scheiße“ baut oder sie wie üblich schlecht behandelt, diese Box herauszukramen um sich selbst wieder Belügen zu können, das er eigentlich doch einer von den „guten“ ist...

2/2

Diese Art von Mann er weiß, wann er wieder „anziehen" muss wenn er merkt sie macht den Anschein sie löse sich von ihm und er wird das auf ewig machen dich an diesem kleinen Stückchen Hoffnung klammern lassen, dich in dem Glauben lassen er wird dich irgendwann mal so lieben wie er es immer nur „Verspricht"...

Aber hey liebes, es gibt Männer da draußen, ich habe sie gesehen neben glücklichen Frauen und erfüllte Frauen Augen lügen nicht... Männer die dich zu Schätzen wissen, deren einzige Sorge dein Glück und deine Sicherheit ist. Diese Männer sehen ihre Frauen an als wäre sie das wunder schönste was sie jemals gesehen hätten und das jeden Morgen von neuem, sie werden alles an dir Lieben, das Zerbrochene, deine Vergangenheit und das was du selbst an dir Hasst.. Und sie zeigen dir, wie du auch all das wieder an dir liebst...

Liebes, diese Art von Mann fährt mit seinen Fingern durch dein Haar wenn der Schlaf dich gerade abholt, sie Küssen deine Stirn wenn du deine Augenbrauen zusammenziehst, weil du das immer machst wenn dir etwas Sorgen bereitet, diese Art von Mann er sieht die Güte in dir und würde dich niemals mit Absicht verletzen oder dir in jeglicher Hinsicht Schaden...

Also ich bitte dich liebes, jage nicht mehr dem Kerl hinterher der dich wirklich schlecht behandelt, hör auf Entschuldigungen zu suchen weil du Angst hast zuzugeben dich Verlaufen zu haben in einem Spiel, bei dem er der Spieler ist und du leider nur das Spielzeug, du Angst hast zuzugeben das er alles andere ist als ein guter Mann...

Und hey liebes, ich weiß du willst nicht alleine sein, der Gedanke erdrückt dich wenn du daran denkst, ohne ihn zu sein, aber alleine sein ist doch viel besser als in einer Illusion vom Glück zu leben...

Noch was liebes, ich Verspreche dir, auch wenn der Gedanke im Moment weit weg ist von dem was du Glaubst... Aber alles wird gut.... Alles wird gut...

Hey liebes,

Ich weiß es ist eine scheiß Zeit die du gerade durchmachst, lange Nächte ohne Schlaf, unzählige Fragen die von innen gegen deinen Brustkorb hämmern... Wieder ein ruhiges Leben zu führen, es erscheint dir gerade so Fernab vom Möglichen und dieses mulmige Gefühl in deiner Magengegend es ist so allgegenwärtig wie die Szenen in deinem Kopf, die du wieder und wieder analysierst...

Ich weiß alles Schöne ist für dich im Moment eine Illusion und Lüge, aber ich möchte das du wieder am Leben teilnimmst und aufhörst in der Vergangenheit rum zu lungern, dass du aufhörst dich an Bildern die nur noch in deinem Kopf existieren zu Klammern... Ich möchte das du diese Bildergalerie verlässt und endlich hinter dir Abbrennen lässt...

Hey liebes, lass die Tränen noch ein letztes mal Laufen, lass alles raus, schlag gegen dein Kissen, gegen die Wand, geh in den Wald und Schrei es hinaus, alles was dich von innen einengt... Und dann lösche seine Nummer, die Bilder, die Mails, den Namen, den Menschen... Aus deinem Handy, aus deinem Kopf, aus deinem Leben... Aus dem Herzen dauert ein wenig länger, aber es ist nur eine Frage der Zeit, weil du jetzt Entschlossen hast, das du dir selbst nicht mehr Scheißegal bist...

Also liebes, lass die Tränen noch ein letztes mal Laufen... Und Morgen, will ich dich wieder zurück im Leben sehen...

Ich will in deinen schlaf getränkten Montagmorgen Blick sehen, wie du dann Zickig aber auch unglaublich süß sagst „Noch 5 Minuten Babe..“ und mit zerzaustem Haar torkelnd in die Küche kommst weil die Kaffeemaschine und der Geruch von frischen Pfannkuchen dich geweckt hat....

Ich möchte in deinen Dienstag nach Feierabend Blick sehen, der sagt „Nimm mich in deine Arme, es war ein harter Tag...“ und mein Herz aufgeht, weil deine müden Augen einem erfüllten glänzen weichen, weil du fühlst „Hier bin ich sicher...“

Ich möchte die Mittwochabende wenn du auf der Couch sitzt deine Serien schaust und alles an dir lieben was du dabei machst, vom Hals verrenken weil er Verspannt ist, bis zum Augen aufreißen weil in deiner Serie gerade was passiert...

Ich will die Popcorn schlachten an Donnerstagen im Kino, die Familienpizza auf irgendeinem Parkplatz, das Lachen und die Geschichten auf dem Heimweg unter den Straßenlaternen...

Ich möchte die Freitage wenn dein „Jetzt haben wir endlich Zeit für uns“ Lächeln dein Gesicht schmückt, wir am Ende aber doch in Jogginghose auf der Couch sitzen bleiben, weil es nicht mehr braucht für zwei die angekommen sind... Kein Lärm mehr, keine Menschenmengen und Schritt für Schritt weg von dieser Gesellschaft hin zu unserer kleinen Welt...

Ich möchte die Samstage mit dir, Filmmarathon oder doch gemeinsam Lesen auf der Terrasse, zusammen Kochen und so den Magen verwöhnen oder sich gegenseitig Massieren mit anschließendem Schaumbad und so die Seele verwöhnen..? Am Ende fangen wir mit dem Filmmarathon an und hören dann mit dem Schaumbad auf...

Ich möchte die frischer Orangensaft, deine zarte Haut an meiner Sonntage, möchte „Lass uns heute im Bett bleiben“ Blicke mit dir Wechseln, dich fest an mich ziehen und dich erst loslassen wenn meine Tage gezählt sind...

Ich möchte deine ruhige Art aber auch deine gestresste, deine Gewohnheiten aber auch seltsamen Macken, ich möchte deinen schlimmsten Tag und deine schrecklichste Nacht, deinen schönsten Moment und die wundervollste Erinnerung, ich will dich ängstlich in meinen Armen aber auch mutig mich mitziehend, ich möchte deine faule Art aber auch deine zum kampfbereite Faust, ich möchte dich jeden Tag, auf jede nur mögliche Art, in jeder Lebenssituation... Für den Rest meines Lebens...

Sie ist die Art von Frau die dir in einer Phase deines Lebens begegnet, in der du Glaubst du hättest noch alle Zeit der Welt dich um sie zu Kümmern, in der du glaubst sie hätte alle Geduld der Welt mit dir, darauf zu warten das du endlich deine Augen öffnest...

Sie ist die Art von Frau bei der du nie Vergessen wirst wie sie dich das letzte Mal angesehen hat, wie sie dir Verziehen hat nur um dich nicht zu Verlieren, was sie alles Aufgab nur um dich nicht Aufgeben zu müssen, wie oft sie ihre Welt fallen ließ um die eure zu Retten, wie sie der halben Welt den Rücken kehrte nur um in dein Gesicht sehen zu können...

Sie ist die Art von Frau bei der du dir selbst Versprichst in Zukunft nie wieder eine andere Frau schlecht zu behandeln, doch weißt du dabei auch ganz genau, dass nie wieder eine kommen wird, die so gut zu dir sein wird wie diese eine...

Bei Gott sie hat dich mehr Geliebt als ihr eigenes Leben und wenn du irgendwann mit der geballten Faust in deiner Hosentasche und feuchten Augen zurückblickst, realisierst du, dass sie das war, von dem alte Männer mit einem weinenden Auge immer Reden, von der Frau die sie niemals Vergessen werden.. Unter diesen alten Männer gibt es welche die diese Frau geheiratet haben und welche die immer nur nach besserem gesucht haben, weil sie die beste verloren haben als sie noch „dumme Jungs“ waren...

Ich wünsche dir die Kraft dich nicht ablenken zu lassen, um bei ihr zu bleiben und einen reifen Verstand, um diese Frau rechtzeitig zu erkennen..

Und dann kommen sie zurück...

Wenn sie zurück kommen wird ihr Name wie in einem alten Speicher irgendwo in deinem Kopf wieder zum Leben erweckt, ganz sanft ruht er wieder auf deinen Lippen, der Name der Person den du eigentlich vergessen wolltest... Wenn sie zurück kommen, wird das Lachen gleich sein... Die Berührung.... Die Hoffnung...

Wenn sie zurück kommen denkst du im ersten Moment nicht daran wieso es beim ersten Mal Geendet hat, erinnerst dich nicht mehr an Worte aus ihrem Mund, die dich Betäubt haben, an Worte und Taten die sie gegen dich Verwendet haben nur mit der Absicht dich zu Verletzen... Wenn sie zurück kommen wirst du vielleicht vergessen in wie vielen Nächten du deine Arme nach ihnen in einem leeren Bett gestreckt hast, wie schwer die last auf deinem Brustkorb lag und Atmen dem Flügelschlag eines eingesperrten Vogels gleichte... Doch jetzt sind sie ja zurück und du Atmest im ersten Moment auf...

Wie dem auch sei, wenn sie zurück kommen lass dich nicht noch ein zweites mal betäuben, verschließe deine Augen nicht noch ein zweites mal und bitte, lass dich nicht noch ein zweites mal Brechen, dir nicht noch mehr Knoten in die Seele drehen lassen...

Ich weiß das es schwer sein wird weil man sich innerlich vielleicht Freut, ihnen Glaubt weil sie sich anscheinend geändert haben, wie sie dir Erzählen das sie endlich Ankommen möchten und das nur mit dir möglich wäre... Ich weiß das es schwer sein wird, schließlich waren sie dein bester Freund, sie zeigten dir eine Seite des Lebens die anfangs sehr schön war, sie küssten Licht in deine Traurigkeit... Sie waren mal alles für dich, deine Zukunft, deine Sicherheit... Deine Zuflucht..

Aber sie waren auch der Schlag der dich Zerbrach, die Welle in der du Ertrankst, der Fallschirm der nicht aufging...

Vergiss nie wie sie dich sitzen gelassen haben als die Stürme sich zu erkennen gaben, vergiss nicht die Monate die du damit Verbracht hast das Chaos und die Verwirrung die sie in deinem Brustkorb hinterließen wieder in Ordnung zu bringen und dein Leben wieder neu aufzustellen... Bitte versprich mir das du die Kälte nicht Vergessen wirst in der du zurück gelassen wurdest, die Nächte in denen du im stillen ohne Zeugen kämpfe ausgetragen hast...

Versprich mir das du nicht vergessen wirst, wie sie dein Denken über die Liebe vergiftet haben...

Und wenn du sie dann so vor dir stehen siehst, mit einem Lächeln in ihrem Gesicht so als ob nichts gewesen wäre... Wird dir klar sie kamen nur zurück, weil du das beste ist was ihnen passieren konnte, ihnen bewusst wurde das ihnen ein Mensch wie du, wahrscheinlich nur einmal im Leben begegnet...

Du hast bestimmte Dinge hinter dir gelassen, ob eine Person, eine Stadt, eine schlechte Erinnerung, einen Herzschmerz oder einfach ein Kapitel deines Lebens...

Hast Dinge losgelassen die dich nach unten gezogen haben, dich befreit vom Schmerz und einem schlechten Umfeld, dich Entfernt von Situationen die dir dein Herz zugeschnürt haben, Abstand genommen von einer Umgebung die dir deine Hoffnung auf eine erfüllte Zukunft nahmen, hast dich von Menschen distanziert die „Medizin" sprachen aber am Ende doch „Gift" für deine Seele waren...

Aber auch wenn du ein Kapitel abschließt, einen neuen Lebensabschnitt betrittst wird es Momente geben an denen du zusammengerollt in deinem neuen Bett, in deiner neuen Stadt liegst und dich an alte Freunde erinnerst, an eine verflossene Liebe denkst und du merkst wie sich alles ändern kann und nichts bleibt wie es ist... Sind sie Glücklich wirst du dich Fragen...? Bin ich Glücklich wirst du dir selbst die Frage stellen..? Hmm..

Du wirst an Orte Denken an die du so gerne zurück willst, an Arme in denen du wieder einschlafen möchtest, an Menschen die du hinter dir gelassen hast und irgendein Gefühl will dich davon Überzeugen sie wieder in deinem Leben haben zu wollen... Aber das ist die Einsamkeit die dir einen Streich spielt, denn du kannst nichts zurücknehmen was du schon einmal losgelassen hast, es wird dich entweder wieder Verbrennen aber vor allem wird es nie wieder so sein wie die Einsamkeit es dir versucht mit schönen Bildern in deinem Kopf vorzuspielen...

Die Vergangenheit ist ein wunderschöner Ort der dich im Rückspiegel immer im Auge hat ob du willst oder nicht, schäme dich nicht für sie und halte diesen Ort immer da wo du ihn gut sehen kannst, grabe sie aus wenn du sie brauchst und leg sie wieder zurück wenn du genug gesehen hast, irgendwann wirst du sie von selbst nicht mehr ausgraben wollen, weil du Realisierst es gibt nichts Neues mehr zu sehen...

Eines Tages siehst du ein das es immer einen Grund hat, wieso du dinge hinter dir lässt, Gift in Form von Menschen, Orte die so voller Erinnerungen sind das du dort nicht mehr Atmen kannst... Und dann erreichst du den Punkt in deinem Leben an dem es unausweichlich wird, dein „altes Leben" hinter dir zu lassen, die Flügel auszubreiten wie ein Zugvogel und in Richtung Kapitel „Es ist nie zu spät neu anzufangen..." zu Fliegen...

Ich hoffe Karma erinnert sich an jedes gebrochene Herz, das du verschuldet und an jede Lüge die du mit einem Lächeln im Gesicht erzählt hast. Ich hoffe für dich das Karma kann sich an jede einzelne Person erinnern die du mit deiner Art täuschen konntest...

Ich hoffe keines deiner gebrochenen Versprechen bleibt dem Karma vorenthalten und ich hoffe alle denen du nur vorübergehendes Glück vorgespielt hast, um sie dann in einem Chaos von Verwirrung und Schmerz zu hinterlassen, werden vom Karma mit in die Rechnung aufgenommen die dir dann vorgelegt wird...

Aber mehr alles andere hoffe ich das dich das Karma daran Erinnert das du dieses Spiel nicht für immer aufrechterhalten kannst. Weißt du ich möchte das du deine „eigene Medizin“ probierst, aber nicht die volle Dosis, nein... Das Karma soll dich immer wieder Besuchen, dir dein eigenes Gift in kleinen Dosen verabreichen, so ist das Karma viel Effektiver und jeder Besuch erinnert dich an dinge von denen du dachtest sie würden dir niemals passieren, weil du glaubtest du beherrschst dein Spiel schon so Perfekt...

Karma funktioniert besser, wenn du Fokussiert auf andere Dinge bist und es dann an einem für dich tollen Tag ganz sanft an deine Türe klopft oder du gerade verträumt im Bett liegst und dich darüber freust wie gut gerade alles in deinem Leben verläuft... Aber ich hoffe es Zerstört dich nicht gleich, es soll dich viel mehr Stück für Stück auseinander nehmen, warten bist du anfängst dich wieder zusammenbauen um dich dann wieder mit voller Wucht zu Treffen... Und bei jedem Stück das aus dir bricht, wird dich ein Gesicht anblicken... All jener die du Verletzt und zerbrochen hast...

Ich hoffe das Karma lässt dich Realisieren das du nicht größer, besser oder schlauer bist wie alle anderen... Dass du keine Ausnahme bist und auch du dem „Zahltag“ nicht entkommen kannst...

Ich wünsche mir einfach das dich das Karma als ein Geist heimsucht, als ein Geist in dem jeder Mensch den du Betrogen, verletzt und zerbrochen hast, steckt.. In dem jeder Mensch steckt den du im Ungewissen sitzen lassen hast weil du zu Feige warst zu sagen „Es war nur ein Spiel von mir..“ Und diese Geister werden erst ruhe geben, wenn du die Rechnung begleichst die sie dir vorlegen...

Wir suchen nach der kleinsten Ausrede, was mit jemandem „falsch“ sein könnte, achten auf Kleinigkeiten die eigentlich nicht der Rede wert wären und nennen das dann „seltsam“, wir geben manchen Menschen nicht mal eine halbe Chance und das ist das große Problem in den Beziehungen von Heute, wir finden einen „Fehler“ ob groß oder klein und es löst etwas in unseren Köpfen aus das sagt „Nö, dieser Mensch ist nichts für mich...“

Wenn du willst das deine Beziehung für immer hält, dann hör auf dich so in ihr zu Benehmen als wäre sie Ersetzbar, als würde dir jeden Tag so ein Mensch über den Weg laufen, als würde die Welt nur so von Menschen wimmeln die dich so sehr wollen wie dieser Mensch von dem du glaubst er wäre zu Ersetzen, nur weil dein Verstand nach der „unpolierten Stelle“ an einem Diamanten sucht...

Wir löschen Handynr auf Knopfdruck und Blocken Menschen ohne die wir vor Tagen noch nicht leben konnten von einer auf die andere Sekunde, lassen Zukunftspläne in Augenblicken fallen obwohl wir Monate und manchmal jahrelang an sie geglaubt haben und lassen wieder eine Beziehung zu Staub zerfallen und gehen weiter im Glauben „ach der/die richtige kommt noch..“

Wir behandeln alles und jeden als wären sie zu Ersetzen.. Dein Handy ist kaputt? Kein Problem ich hole mir ein neues... Du hast einen Freund verloren? Keine Sorge ich finde neue... Es ist traurig, sehr traurig was aus uns geworden ist, unsere Herzen sind taub geworden für die aufrichtige Liebe während unsere gierigen Augen sich immer weiter Öffnen für all das Oberflächliche was ein Herz aber niemals berühren wird, vielleicht werfen wir Beziehungen, Menschen und alles um uns herum deshalb so einfach weg.. Weil nichts mehr unsere Herzen berührt... Und uns von allen Seiten erzählt wird, dass niemand uns ja Verdient und wir beim kleinsten Fehler den Partner in den Wind schießen sollten...

Lass dir deine Beziehung nicht durch die Finger gleiten, manchmal zerdenken wir eine Beziehung bevor sie die Chance hatte zu Beginnen, wir gehen Situationen durch die wahrscheinlich nie passieren werden und Trauen unserem Partner dinge zu die er wahrscheinlich nie tun würde, nur weil wir „schlechte Erfahrungen“ mit anderen hatten, die Betonung liegt dabei auf „anderen“ nicht mit „diesem“ Menschen, so schleppen wir Steine aus der Vergangenheit mit in die Zukunft und legen uns diese selbst in den Weg und wundern uns dann „Wieso kann ich nicht einfach glücklich werden..?“

Eines Tages werden sie dir Erzählen, dass „Sie" mit jemand anderem gesehen wurde, dass sie Glücklich aussah und strahlte...

In diesem Moment werden deine Hände anfangen zu Zittern, deine Augen gläsern und deine Stimme stotternd nochmal nachhaken „Bist du sicher das sie es war..?" Die Antwort wird „Ja, ich bin mir ganz sicher das sie es war.." sein...

Plötzlich erinnerst du dich an all die Dinge, die du so sehr an ihr Geliebt hast, das sie Treu war, sie dir bei vielen Dingen entgegen kam weil sie wollte das du dich Wohlfühlst, das sie so gerne lächelte während deine Lippen auf ihren waren weil du alles warst was sie je wollte. Alles fühlte sich so an als hätte der liebe Gott für euch beide einen Plan gehabt, bei dem ihr am Ende alt und glücklich werdet.

Aber aus irgendeinem Grund hast du losgelassen, diese wundervolle Frau losgelassen und für eine Weile dachtest du dass es das richtige war sie gehen zu lassen und du glaubtest vom Gefühl her du weißt ganz genau was du da gerade tust...

Und heute weiß jeder Teil in dir, der sie jemals auf irgendeine weise berührt hat, dass er sie nie wieder Berühren wird und das Zerbricht dich gerade. Es ist Reue die dich in diesem Moment plagt, du blickst zurück auf eure Beziehung wie auf ein Gemälde das ein Meisterwerk hätte werden können, doch als die Finalen Pinselstriche an der Reihe waren bist du geflüchtet, du Blickst zurück auf eure Beziehung wie auf eine Blume die du herausgerissen hast bevor sie überhaupt anfangen konnte zu Blühen, weil du Ungeduldig warst... Reue plagt dich weil du Erfahren hast das ein anderer die Pinselstriche gesetzt hat und nicht geflüchtet ist, dass ein anderer geduldig gewartet hat bis die Blume blüht, weil er sie Pflegt...

Vielleicht wirst du sie Anrufen, um ihr zu sagen dass du einen Fehler gemacht hast, du sie Vermisst und immer noch liebst und sie wird dir mit einer sanften Stimme sagen „Ja wir haben uns geliebt und bei Gott ich wäre für dich Gestorben, doch du hast mich gehen lassen... Tut mir leid, du hast mich gehen lassen... Vergiss das niemals.. Du hast mich gehen lassen..."

So seltsam es klingt aber manche Menschen lieben dich nur, wenn du aufhörst sie zu lieben...

Sie wissen dich erst dann zu Schätzen wenn du weg bist, wenn du aufhörst Dinge für sie zu tun die sie für selbstverständlich hielten, du keine süßen Mails mehr schickst und du sie nicht mehr mit offenen Armen empfängst wenn sie an deiner Tür klopfen... Du nicht mehr auf ihre Anrufe wartest bis spätnachts...

Manche Menschen realisieren erst wie sehr du sie geliebt hast, wenn sie niemanden finden der sie auch nur einen Bruchteil davon lieben kann, wie du es getan hast... Dann kommen sie wieder „Nachhause“ weil niemand sonst ihnen das Gefühl gab beschützt und Geborgen zu sein vor dieser lauten und hässlichen Gesellschaft...

Erst müssen sie dich Verlieren um dich wieder zurückgewinnen zu wollen, weil ihnen klar wird das ein aufrichtiger Mensch wie du, früher oder später jemanden finden wird der dich besser behandelt, dich Glücklich macht, respektiert und schätzt ohne dich erst Verlieren zu müssen...

Und auf einmal haben sie Angst davor dich Glücklich an der Seite eines anderen Menschen zu sehen, so beginnen sie ihre Fehler einzusehen und mit Fäusten gegen Wände zu schlagen, schlaflose Nächte prägen ihre Wochen und Monate weil ihnen die ganze Zeit vor Augen schwebt dass du doch das beste in ihrem Leben warst...

Aber manchmal darf man jemandem einfach nicht mehr die Möglichkeit mehr dazu geben dich Lieben zu dürfen, weil sie wieder in ihr „altes Muster“ verfallen, sobald sie dich wieder „zurückerobert“ haben... Und dich wieder für „Selbstverständlich„ nehmen...

1/2

Aus diesem Grund, lasse ich dich gehen....

Wenn ich mit jemandem zusammen bin, dann möchte ich eine Art von Erfüllung ganz tief in mir drin spüren, ein Gefühl von Frieden und Ruhe... So weiß ich das zumindest...

Ich will meine Mitternachtsgedanken mit dir Teilen können in einem spontanen Anruf, ich will wissen das meine Guten Morgen Texte dich zum Lächeln bringen und nichts ist das du so im Vorbeigehen liest weil es dich fast schon „Nervt“, ich will wissen dass wenn ich mal nicht neben dir Aufwache deine Hand suchend die andere Bettseite abtastet und der Gedanke das ich nicht da bin dich Traurig macht, weil ich dir wichtig bin...

Ich möchte mich Sicher fühlen, um nicht einen Gedanken daran zu Verschwenden dass wenn wir mal harte Zeiten durchmachen jemand meinen Platz einnehmen könnte, ich will jemanden der mich Liebt unabhängig von der Anzahl meiner Narben, unabhängig von den Stürmen aus meiner Vergangenheit die hin und wieder manchmal sogar einen Weg in meine Gegenwart finden..

Ich lasse dich gehen, weil...

Ich möchte keine unbeantworteten Texte und keine Nachrichten mit Andeutungen die mich im Ungewissen lassen, ich möchte nicht mehr nächtelang da liegen und mich fragen an was es wohl liegt das es gerade so ist wie es ist, um am Ende die Schuld bei mir zu suchen, ich möchte nicht mehr nur ein Gedanke sein der deinen Verstand nur dann kreuzt wenn du gerade nichts zu tun hast und dich dann aus Langeweile meldest... Ich möchte alles oder nichts sein, die Liebe deines Lebens oder nur ein Fremder alles dazwischen reizt mich nicht...

2/2

Ich verdiene eine Beziehung die meine Seele nährt und nicht eine die sie Ertränkt in einem Gift das aus einer Mischung von "guten Worten" die mich Hoffen lassen und "Taten" die mich wieder Zerbrechen, wenn eine Seele auf Dauer in so einem Gift schwimmt, wird sie sich vielleicht nie wieder davon erholen...

Ich lasse dich gehen, weil ich denke es ist Zeit an mich zu Denken, es ist Zeit damit aufzuhören dich an erster Stelle zu setzen und endlich aufzuhören mir die Pistole nicht mehr selbst an den Kopf zu halten in dem ich dir jedesmal eine Chance gebe...

Ich kenne Leute die eine lange Liste an Beziehungen haben, ich möchte nicht dazu gehören und werde mir deshalb eine "Auszeit" nehmen, den Kreis von Menschen kleiner machen, mir selbst einen guten Morgen wünschen und die Sonne in mein Gesicht aber vor allem in mein Leben scheinen lassen, wichtig ist das ich Okay bin und bleibe, der Frieden in meinem Alltag bleibt und die Ruhe an meiner Seite ist, ich brauche nicht dich oder sonst jemanden... Jetzt bin ich an der Reihe, viel zu lange habe ich alles für andere getan während sie zusahen wie ich Stück für Stück auseinander brach aber vor allem an dieser Welt zerbrach...

So schwor ich mir, all diese giftigen Verbindungen zu trennen und jeden Menschen der mir wie ein schwerer Stein in meiner Hosentasche war zu Entfernen und plötzlich merkte ich wie das Gift aus meinem Körper floss und mein Gang leichter wurde, mein Alltag wieder mehr zu dem wurde was ich unter "Leben" verstand...

Du verdienst nicht jemanden der zurückkommt... Du verdienst jemanden, der dich niemals verlässt...

Ich wundere mich über Menschen die wieder kommen nachdem sie sich doch „fest entschlossen“ hatten zu gehen, eines Tages werden sie wieder kommen weil sie realisiert haben das du mehr als eine Lücke in ihrem Leben hinterlassen hast, weil sie realisieren das du nicht zu „ersetzen“ bist, dass du mehr Eindruck hinterlassen hast in ihrem Kopf, ihrem Herzen und ihrer Seele so dass sie zurückkommen mussten, weil sie den Kampf „dich zu Vergessen, dich zu Ersetzen, dich hinter sich zu lassen“ verloren haben mit sich selbst...

Doch sie sind nicht die einzigen die etwas „realisiert“ haben, auch dir ist einiges klar geworden während sie weg waren...

Du brauchst niemanden mehr der geht wenn Stürme aufziehen, der Flüchtet wenn mal harte Zeiten die Beziehung plagen, du brauchst niemanden mehr der ein Chaos in deinem Herzen hinterlässt weil er dich im Ungewissen zurücklässt, du brauchst niemanden mehr der wie ein Baby schläft obwohl er weiß das du gerade schlaflose Nächte durchmachst in denen zu Zerbrichst..

Auch wenn fast jeder eine Person hat, von der er sich wünscht sie solle zurückkommen, wünschen wir uns doch eigentlich jemanden der niemals gegangen wäre...

Nimm niemanden zurück der dich schon einmal einfach so hat links liegen lassen, dieser Mensch wird es beim nächsten Sturm wieder tun... Aber diesmal ist es dann nicht mehr ihr Fehler das du leidest, denn wenn du ehrlich bist zu dir, hast du es kommen sehen...

Ich möchte dir jetzt mal was sagen ungeschönt und direkt...
Ob du darüber Hinweg kommen wirst, dass dich jemand enttäuscht, verletzt und im Stich gelassen hat...?

JA wirst du mit Sicherheit...! Aber es wird Zeit, viel Kraft und vor allem Ruhe benötigen...

Die Erinnerungen werden dich Jagen und alle Ablenkung die du dir über den Tag hinweg suchst, wird am Ende nur eine „Ablenkung" für deinen Kopf bleiben aber noch lange nicht für dein Herz...

Du wirst viele Situationen im Kopf noch unzählige male durchgehen, die Puzzleteile so lange versuchen zu drehen in der Hoffnung das sie endlich passen und du antworten bekommst auf Fragezeichen die Nächtelang von innen gegen deinen Kopf Hämmern...

An manchen Tagen wird dein Herz aussetzen, wenn bestimmte Dinge dich an diesen Menschen erinnern und an anderen Tagen wird es wie wild von innen gegen deine Rippen schlagen, weil du nicht mehr kannst und es dich von innen zerreißt...

Doch nach all dem Verspreche ich dir, wird der Nebel sich lichten, dein Blick wieder klar und die Ruhe kehrt zurück in deinen Körper, dein Appetit aufs Essen sowie auf das Leben selbst ist wieder allgegenwärtig, Nächte die du durchschläfst werden wieder völlig normal, du verlässt deinen Kokon und wirst wie neugeboren, schließt das Kapitel und blätterst um, blickst raus aus dem Fenster mit einem Blick der weiß was er will auf eine blühende Landschaft die deine Zukunft darstellt und versprichst dir selbst

„Ich möchte Leben, lachen und Lieben... Wenn jemand dabei mitmachen will, dann ist das okay, und wenn nicht, auch okay... Niemand wird mich jemals wieder soweit bringen, dass mein Leben, mein Lachen und meine Art zu lieben, mir selbst fremd wird..."

Es ist an der Zeit, umzublättern...

Irgendwann kommt ein Punkt in deinem Leben an dem du beginnst alles neu zu sortieren, das Kartenhaus anfängst neu aufzubauen, die Figuren auf deinem Schachbrett neu aufzustellen...

Wir Verabschieden uns von bestimmten Menschen, weil die Qualität entscheidend ist und nicht mehr die Anzahl deiner „Freunde“, dein Kreis wird kleiner, viel Kleiner... Du suchst jetzt viel mehr die Ruhe im Alltag, nicht mehr den Lärm zwischen all den anderen Schafen, die dem Gruppenzwang verfallen sind... Du erkennst das diese Gesellschaft nicht wirklich die deine ist, du dich Fremd fühlst unabhängig von deiner Nationalität, deinem Glauben oder deiner Hautfarbe, du siehst sie alle und fühlst dich „fehl am Platz“...

Lässt los von Dingen von denen du mal dachtest du bräuchtest sie und plötzlich merkst du das manche sich nicht mehr melden und dir wird klar das der Kontakt nur darin bestand weil du dich meldest, lässt los vom oberflächlichen Denken und plötzlich wird dir klar wie viel Hässliches es wirklich gibt das du davor für „Schön“ gehalten hast, weil du jetzt „tiefer“ gehst wenn du es ansiehst...

Du blätterst um, deine Hand zittert ein wenig, Buchstabe um Buchstabe, Zeile um Zeile aber beruhigt sie sich.. Du fühlst es wird besser, du fühlst die Entscheidung war richtig diese Dinge die auf den vorigen Seiten fälschlicherweise so wichtig in deinen Augen waren hinter dir zu lassen.. Du tastest dich Absatz um Absatz heran an ein „neuen Lebensabschnitt“ nachdenklich aber sicher in dem was du tust, füllt sich die Seite und gleichzeitig füllt sich auch dein Herz mit einer Ruhe die du vorher nicht hattest, weil du giftige Menschen in dein Leben gelassen hast...

Die Seite ist nun fast voll und dir wird immer klarer das du auf dem richtigen Weg bist und das die nächsten Seiten, vielleicht dein ganzes Buch... Auf diesem richtigen Weg bleibt...

Du legst den Stift beiseite, blickst aus dem Fenster atmest tief ein und wieder aus... Die Luft in deinen Lungen fühlt sich irgendwie anders an... Dein Leben schmeckt jetzt anders... Aber es gefällt dir... Du wirst diesen Moment niemals Vergessen... Später wirst du diesen Moment mal „Wendepunkt in meinem Leben“ nennen...

Irgendwann wirst du mir zufällig auf der Straße begegnen, du wirst von meinem befreiten Lächeln und meinem leichten schon fast tänzelnden Gang überrascht sein und mir zu winken, ich winke dir zurück und du sagst „Lass uns einen Kaffee trinken und über alte Zeiten reden" ...

Und während wir da so sitzen, wirst du an mir ein paar alte Risse und einige Narben von alten Schlachten bemerken, von Kämpfen aus einer Zeit in der ich noch nicht so weit war wie jetzt... Aus einer Zeit in der ich noch nicht ICH SELBST war... Weil ich Blauäugig und naiv in deine Arme gelaufen bin..

Aber dir fällt auch auf das die Narben vollständig verheilt sind, vielleicht hörst du auch noch einige verblassende Erinnerungen die beim Anblick von dir, in meinem Kopf anfangen herumzuschwirren, aber sie berühren mich nicht mehr, viel mehr zeigen mir diese Erinnerungen was ich nie wieder will...

Du merkst wie die Müdigkeit und Trauer sich nicht mehr in meinen Augen spiegelt, eher das sie viel mehr Glänzen und bereit sind wieder zu Leben... Du spürst in meiner Nähe regelrecht meine Lust auf*s Leben und alles was nicht mit dir zu tun hat...

Und am Ende wirst du mich Fragen „Was hat dich so Verändert...?" Mit einem erleichterten Lächeln werde ich Antworten „Du... :) "

Du bist mehr Wert als ein „kurzer Gute Nacht Text“ per Whatsapp, mehr Wert als Gespräche bei denen er Gedanklich nur halbwegs anwesend ist, mehr Wert als Komplimente die so Vage sind das man sie zu jeder sagen hätte können...

Ich weiß das er dir manchmal Schreibt und es ist für dich ein schönes Gefühl, hin und wieder führt ihr interessante Gespräche und er macht Komplimente die dich für einen Moment unsterblich werden lassen, ich weiß er Küsst deine Stirn und sagt dir du bist wunderschön wenn ihr zusammen Zeit verbringt und ich weiß das es diese magischen Momente sind die es dir so verdammt schwer machen ihn gehen zu lassen..

Aber meine Liebe, du bist viel mehr Wert als eine handvoll magischer Momente, die vereinzelt auftauchen inmitten von Wochen, die geprägt sind von Verwirrung weil du nicht weißt was er will und woran du bist, leg den Hörer auf, antworte nicht mehr auf die Texte und hör auf zu warten darauf das er sich ändert, das diese magischen Momente beständiger werden und nicht nur dazu dienen, um dich bei ihm zu halten, und sobald er wieder weiß „Sie bleibt..“ es wieder von vorne beginnt...

Und wenn du erstmal damit aufgehört hast und er sich dann weniger bzw. kaum meldet, dann ist das sicher nicht weil er zu Beschäftigt ist... Wir alle haben ein Leben und eigene Sorgen, Probleme und Zeit ist Luxus... Aber wir schaffen es irgendwie Platz und Zeit zu Schaffen für Menschen die wir lieben, er aber anscheinend nicht.... Was dir eine Antwort sein sollte... Er sieht den Zauber und das Schöne nicht was du in deinem Herzen trägst, was du sofort wärst bereit zu zeigen, würde er nur einmal danach verlangen... Dir nur einen klitzekleinen Schritt entgegen kommen... Aber er tut das nicht... Was dir auch eine Antwort sein sollte...

Du bist wundervoll auch wenn du Fehler und Macken hast, verschwende deinen Kopf nicht für Fragen die deinen Verstand Zerbrechen, vergeude keine Zeit und Lebenskraft darin zu Hoffen das ein Mann sich soweit ändert dass du neben ihm Leben kannst, sie ändern sich erst wenn sie Verlieren, dich Verlieren...

Es gibt Situationen in denen auch die über beide Ohren verliebte Frau die Tür abschließt, sich umdreht und geht...

Weil sie nicht mehr kann, weil der Punkt erreicht wurde an dem nicht mal mehr die Liebe sie in dieser Beziehung „überreden“ kann zu bleiben... Doch es gehört viel dazu einen Menschen der aufrichtig geliebt hat, dazu zu bewegen von sich aus zu gehen...

Sie hat eingesehen das nach diesem Regen, niemals mehr die Sonne scheinen wird, weil du selbst den Regen verkörperst, dass Frieden keinen Platz mehr hat zwischen euch, weil die Unruhe in dir Wohnt und ihr wurde klar dass egal wie sehr sie dich liebt, es dir niemals genügen würde...

Es werden Tage, Wochen und Monate vergehen, vielleicht auch 1-2 Jahre weil sie eben nicht einfach so jemanden aus ihrem Herzen löschen kann, so wie du... Aber sie wird über dich hinwegkommen und eines Morgens wird sie Aufwachen mit einem Lächeln und dem Gedanken „Es ist überstanden... Das Leben hat mich wieder... :) “

Und vielleicht am selben Morgen wer weiß, wachst du auf mit dem Gedanken „Fuck, sie war das beste in meinem Leben...“

Aber Frauen wie sie die, die Türe abschließen und gehen.... Drehen sich nicht mehr um, um zurückzuschauen... Weil sie geschätzt werden wollen solange sie da sind und nicht erst wenn sie weg sind....

Wenn du diese Zeilen liest, dann hast du jemanden Verloren der einst mal sagte er würde niemals gehen...

Vielleicht passierte es unerwartet, aus heiterem Himmel oder Stück für Stück du aber hättest niemals gedacht das dieser Tag einmal kommen wird und hieltst deshalb bis zum letzten Stück daran fest, an deinem kleinen Stück vom Glück... Vielleicht hast du diesen Menschen dein Leben lang gekannt, vielleicht ging es nur ein paar Monate mit euch, doch passierten in diesen Monaten dinge an die man sich noch jahrelang erinnert, weil sie dich berührt haben wie noch nichts davor und du Angst hast das dir so etwas kein zweites mal passiert...

Jetzt ist es eben passiert und du kannst den Schmerz einer Wunde nicht kontrollieren, weil das Messer nicht in deiner Hand liegt und es drückt und drückt, während du es schweigend ertragen musst...

Ich bin nicht hier um dir zu sagen „Morgen ist ein neuer Tag und die Welt sieht dann schon wieder anders aus..“ nicht hier um dir zu sagen „Nach dem Regen kommt die Sonne“ und dir nicht alles schön zureden mit “Es gibt noch viele Fische im Meer„ und “Andere Mütter haben auch schöne Söhne“, weil es nicht der Wahrheit, DEINER Wahrheit entspricht, weil ich und niemand andere das durchlebt was du gerade durchlebst, weil niemand weiß wie es ist, DU zu sein...

Alles was ich dir mitgeben kann ist „Nimm dir Zeit, um zu Heilen, um wieder zu Kräften zu kommen, um wieder zurück ins Leben zu finden, um daraus zu Lernen... Nimm dir alle Zeit der Welt...“

Ich möchte ehrlich sein, ich bin nicht gut darin „Einfach so abzuhängen, ohne zu wissen was zwischen uns ist..“ nicht gut im „Lass es uns mal Versuchen, mal sehen, wo das hinführt..“

Schau mal das Ding ist, ich möchte wissen, wo der Sinn ist in dem was wir da anfangen, in welche Richtung es geht... Weil wieso etwas Sinnloses anfangen..? Es ist so verdammt kurz dieses eine Leben was wir haben, also wozu es für Sinnloses verschwenden..?

Ich bin nicht gut darin zwischen den Zeilen zu lesen, zu erraten was du fühlst und was du willst, ich bin ein Freund von offenen Karten, bin aber kein Freund davon Stundenlang darüber zu Reden wie etwas sein „könnte“, viel mehr möchte ich Taten von dir sehen aber selbst auch Handeln... Es ist so verdammt kurz dieses Leben, um darauf zu warten bis jemand sich für mich Entscheidet, weil wenn mich jemand von ganzem Herzen will, zögert er keine Sekunde...

Ich bin nicht gut darin nur bis Morgen zu denken wenn ich einen Partner habe, mein Denken geht auf Jahre hinaus mit diesem Menschen an meiner Seite, wenn ich etwas Aufbaue dann für die Ewigkeit mit einem starken Fundament das die Stürme und die kleinen Alltags Kämpfe aushält, mit Mauern die keine Dritte kraft hineinlassen, nicht so wie die meisten Beziehungen heute die sich auf die schnelle, wie Durchreisende ein „Zelt“ aufbauen das nicht mal den ersten Sturm übersteht...

Menschen die so denken wie oben beschrieben sind schwer zu Lieben ich weiß, aber wenn du dich auf so einen Menschen mit Zukunft erst einmal einlässt, dann bereust du jede Sekunde deines Lebens die du in der Nähe von Menschen verbracht hast, die es nicht in deine Zukunft geschafft haben, weil sie immer nur „Zelte“ aufgeschlagen haben... Zelte wie es nur Durchreisende tun...

Du aber, kannst einfach nichts mit Durchreisenden anfangen... Weil du endlich ankommen willst...

Wer sage die Liebe wäre einfach, der hat noch nie die „für uns“ falsche Person geliebt, und nur wer das Gefühl kennt die falsche Person zu lieben, der weiß was die nun folgenden Zeilen bedeuten...

Die „falsche Person“ zu lieben, lehrt dich viel über dich selbst, da es dich oft an die Grenzen bringt, dich in die Enge treibt und dich in manchen Momenten sogar an deinem Verstand zweifeln lässt, das alles zeigt dein wahres Ich, deine Seele und prüft deine Charakterstärke und vermag dich ein wenig Näher an dein innerstes zu bringen...

Es lehrt dich das zwischen „Händchenhalten“ und
dem Berühren einer „Seele“ Welten liegen, das Worte keine Verträge sind und Versprechen oft nur auf die „guten Zeiten“ bezogen sind und in
den „schlechten“ von den „Aber*s“, „Wenn's“ und „Vielleicht*s“ abgelöst werden, das Attraktivität die Augen täuschen kann aber am Ende niemals ein Herz und das du in einem Menschen der dir Unsicherheit vermittelt, niemals Sicherheit finden wirst...

Es lehrt dich, das derselbe Mensch der dich Morgens anlächelt dich Abends auch alleine Nachhause gehen lassen kann, weil er nicht weiß was er will, das derselbe Mensch der 7Std Autobahn zu dir Fährt, dich genauso auf so einer Autobahn aussetzen kann, weil kein Gefühl „sicher“ ist in der Nähe von
einem „unsicheren“ Menschen....

Du lernst das es Menschen gibt, die schnell weiterziehen, schnell verdrängen und vergessen, vollkommen egal was du ihnen gabst, welche Geheimnisse ihr euch geteilt habt und du lernst wie süße Erinnerungen plötzlich einen bitteren Beigeschmack bekommen und während du noch vor den Trümmern sitzen bleibst, bauen sie sich schon wieder was „neues“ auf... Aber du bist nicht wie sie, dir bedeuten Dinge noch etwas, du Reparierst wenn das was du angefangen hast aufzubauen mal einen Riss hat oder droht zu Zerbrechen...

Aber vor allem lernst du, dein Leben nicht mehr aufzugeben, um in jemandes anderem Leben eine Rolle zu spielen, lernst nicht mehr auseinander zu fallen, für jemanden der dir dabei zu sieht wie du Stück für Stück auseinander fällst, ohne auch nur ein wenig dafür zu sorgen, dich zusammen zu halten...

Wenn du die kleinen Locken am Ende ihres Haares nicht liebst oder die Falten ihrer Nase wenn sie von Herzen lacht, dann lass sie gehen... Wenn du sie nicht als ein Meisterstück von Gotteshänden gemacht siehst, dann lass sie gehen, weil jemand anders wird sie so sehen... Sei nicht Egoistisch...

Wenn du es nicht liebst wie sie niest oder wie ihr während dem Zähneputzen, die Zahnpasta am Kinn hinunter läuft weil sie dabei lacht, dann lass sie gehen... Wenn dein Herz nicht aus der Brust springt vor Glück, wenn du morgens neben ihr aufwachst und sie friedlich auf deiner Schulter schlafen siehst, dann lass sie gehen..

Lass sie gehen, denn es gibt einen Mann da draußen der Töten würde für das, was du nicht geschätzt hast!

Du hältst sie bei dir, obwohl du sie nicht liebst, das ist grausam... Nicht nur grausam, du enthältst sie dem Mann vor, der ihr alles geben würde der sie im Gegensatz zu dir aufrichtig Lieben und Schätzen würde..

Jemandem bei dem es zittert im Brustkorb wenn er sie um die Ecke kommen sieht, bei dem die Welt stillsteht in dem Moment wenn sie ihn Anblickt, jemand der an einem schlechten Tag nur an sie Denken muss um zu wissen was für ein Glück er hat, der egal wo er ist, weiß Zuhause wartet die tollste Frau der Welt auf ihn und deshalb ist er ihr Treu an jedem Ort der Welt und auf jede Entfernung und egal wie lange sich ihre Augen nicht sehen, er ist Loyal und treu weil er weiß was er an ihr hat...

Und bist dieser eine „Jemand“ nicht DU, dann lass sie gehen...!

Sie ist ein Wunder, sie ist Magie, sie ist Heilung, sie ist verdammt nochmal dass wovon wir Männer sagen „Es gibt solche Frauen kaum noch“...

Und sie verdient einen Mann der ihr das Gefühl gibt, das alles in ihr zu sehen und zu schätzen... Zu Lieben...

Ich habe im Leben zu viel Wärme bei zu kalten Menschen liegen gelassen... Zu viel Kraft verschwendet in Kämpfen, bei denen ich nur Zuschauer hatte, aber keine Mitstreiter... Habe Menschen zum Lächeln gebracht die aber immer dann gingen, wenn ich mal ein Lächeln für mich brauchte...

Hmm... Ich gebe Dir mal einen Tipp fürs Leben:

Ich weiß das Leben, die Liebe, die Menschen und all das was wir unsere Welt nennen, ist nicht immer einfach, oft sehr unfair, hart und für den naiven Menschen sogar sehr gefährlich, denke immer gut nach bevor Du eine Beziehung eingehst sie könnte Dich so weit verändern das Du vielleicht nie wieder eine führen kannst....

Überlege Dir sehr gut wen Du in dein Leben lässt, es könnte Passieren das dieser eine Mensch nur einen Trümmerhaufen hinterlässt in dem Du nur noch „Existierst“ aber nicht mehr „Lebst“...

Lebe deine Jugend sammle Erfahrungen doch gehe nicht auf jede Party, lass die Finger von den Drogen und schlaf Dich nicht durch die Betten der Stadt, den es kann sein das am Ende der Jugend nur ein „verbrauchter Körper“ wartet der innerlich nach Liebe schreit, aber nach außen hin schön kühl im Alltag weiter funktioniert...

Manchmal wünsche ich mir, ich wäre ein Zug, weil sie immer wissen, wohin es geht, sie kennen ihren Weg und ihre Haltestellen... Sie halten nicht an den falschen Bahnhöfen und sie halten nicht an Stellen die ihnen nur Zeit stehlen würden...
Sie werden von jedem Bahnhof erwartet und das weiß der Zug und muss sich nicht erst vergewissern, ob er „Willkommen“ ist...

Ein Zug wartet nicht auf verspätete Gäste und er nimmt keine Rücksicht auf die Gäste, die sich ihres Zieles unsicher sind weil sie nicht wissen was sie wollen...

Er rollt hinaus in die Dunkelheit und fürchtet die Hindernisse auf seinem Weg nicht, unaufhaltsam hält er seine Richtung und dreht sich niemals um, er wendet seinen Blick niemals ab von seinem Weg und er lässt sich nicht berühren noch beeinflussen von dem was er hinter sich lässt, ob Tag oder Nacht, Sturm, Regen oder Sonnenschein er behält seine Richtung bei solange er nur seinen Weg vor sich hat ist für ihn alles in Ordnung...

Er hält an allen möglichen Bahnhöfen, es sind vielleicht nicht die schönsten, saubersten noch belebtesten Bahnhöfe, aber es ist ein Teil seines Weges und ein Zug nimmt alle Teile seines Weges in sich auf: die guten, die hässlichen, den bösen und den schönen Teil, ein Zug wartet nicht auf den „perfekten Bahnhof“, nein er weiß das an jedem was abzuholen ist dass seinen weiteren Weg vielleicht ein wenig erträglicher macht...

Einem Zug ist egal wie schwer seine Ladung ist, ob federleicht oder tonnenschwer, er bringt diese Last an sein Ziel und kümmert sich nicht weiter darum.... Statt sich um die Ladung zu sorgen, genießt er die Landschaft, Sonnenauf- und untergänge sind seine Zeugen, der Grüne Wald, die Bauernhöfe aber auch die lichter der Großstädte bei Nacht, der Zug lebt seinen Moment und lässt nicht die Sorgen sein Leben leben...

Manchmal halten wir an Menschen fest, obwohl wir ganz genau wissen das loslassen uns „Retten“ würde, doch wir halten weiter an Worten und leeren Versprechen fest... Klammern uns fest an einem kleinen Stück Hoffnung, dass uns aber immer mehr aus den Händen zu gleiten scheint...

Und so vergeht die Zeit, du lebst eine Beziehung die von Tag zu Tag lebt weil kein Tag mehr sicher ist und kein Morgen an dem du dir die Frage stellst „Ist es wirklich das was ich mir unter einer glücklichen Beziehung vorstelle..?“ und obwohl die Antwort dir klar ist, tippst du aus Gewohnheit die übliche „Guten Morgen ein Schatz“ Mail in dein Handy wohl wissend das du nie eine zuerst bekommen würdest, dir ist klar dass dieses „Kartenhaus“ das du Beziehung nennst den nächsten Sturm nicht mehr überleben wird, doch wie gesagt, das kleine Stück Hoffnung an dem du dich festklammerst, „noch“ hast du die Kraft es bei dir zu halten...

Eines Tages wirst du die Antwort bekommen auf die Frage die du dir jeden Morgen gestellt hast und sie wird „Nein das ist nicht dass was ich mir Vorgestellt habe!“ sein, doch die Antwort wirst du dir nicht selbst geben, nein, es wird dir vom Leben selbst beantwortet nämlich auf die harte Tour, weil du nicht Sehen wolltest was jeder um dich herum schon langer vorher sah, du nicht Verstehen wolltest, was jeder um dich herum dir klar machen wollte, da du lieber im warmen Bett der „Gewohnheit“ zugedeckt mit „leeren Versprechen“ mit deinem Kopf auf dem Kissen seiner „süßen Lügen“ liegengeblieben bist, während du zusammen gekauert, in deinen Händen fest umklammert dein kleines Stück „Hoffnung“ hälst...

Manche holt das Leben noch rechtzeitig aus diesem Bett zurück in die Realität, andere aber lassen sich von nichts und niemandem aufwecken selbst vom Leben nicht, so verschlafen sie die besten Jahre ihres Lebens während sie etwas liebten das sie ganz langsam aber sicher von innen heraus umbringt und zebricht...

Ich wünsche dir, der das gerade liest, die Kraft rechtzeitig aufzuwachen...

Manchmal musst du einsehen das „loslassen“ Medizin ist gegen die Krankheit die dich von innen Beherrscht, das Loslassen der Bunker ist, der dich vor den Stürmen schützt und das Loslassen manchmal eine Seele, ein Herz und den Menschen dem beides gehört, Retten kann... Das loslassen dich Retten kann...

So lag sie da den Kopf voller Gedanken und Fragen, alleine mit dem Krieg mit sich selbst der ihr die letzte Kraft nimmt und sie kaum noch am alltäglichen Leben teilhaben lässt, sie möchte gehen und doch hält sie weiter daran fest, weil sie sich krampfhaft an dingen festhält die nicht von Dauer sind, ein süßes Wort von ihm oder auch nur eine Geste die sie wieder ein wenig hoffen lässt auf bessere Zeiten...

In der einen Minute ist sie sein „ein und alles“ und in der nächsten ist sie wieder „schuld“ an allem was gerade so passiert, heute ist sie für ihn „die Frau fürs Leben“ und morgen schon wieder „wenn es dir nicht passt kannst du gehen„ Frau, ja sie kennt dieses „Spiel“ schon lange und obwohl sie nicht kann, schenkt sie ihm ein Lächeln, eine Umarmung, sie gibt ihm das Gefühl er wäre ihr „ein und alles“ ihr „Mann fürs Leben“ doch bei ihr ist es im Gegensatz zu ihm „beständig“....

Sie wird eines Tages den Schritt wagen und gehen, da bin ich mir sicher, sie wird es an dem Tag an dem sie geht „befreien“, dafür beginnt an diesem Tag seine „Gefangenschaft“ in einer Zelle in der alle die es „bereuen“ so eine Frau gehen lassen zu haben, zusammen sitzen und den Kopf schütteln während sie sich an diese Frau erinnern...

Sie war 16 und Liebe war für sie etwas das sie mit Schmerzen verband, doch gleichzeitig war es was so echtes, tiefgehendes und ein so großes Gefühl in den Augen eines kleinen Mädchens, aber es war auch zu früh für sie, zu früh für die Liebe, zu früh für ein Mädchen das viel Nachdenkt, denn sie wusste schon früh das man sich selbst Verlieren kann beim Lieben... Und sich möglicherweise ein Leben lang nicht mehr findet...

Sie wurde 19 und Liebe war jetzt für sie ein Junge der nicht wusste was er will, gescheiterte Pläne und ein einseitiger Kampf um eine Beziehung das war Liebe für sie, glaubte sie damals jedenfalls... Ihre Ohren geplagt von leeren Versprechen während ihr Herz keine Ruhe findet zwischen Jungs die noch nicht wissen wo sie in ihrem Leben stehen, die noch Spielen, und zwar am liebsten mit Frauen...

Sie wurde 22 und Liebe war für sie jetzt ein Widerspruch, es war „Ich vermisse dich, aber ich habe jetzt keine Zeit dich Anzurufen", es war „Ich kann es kaum erwarten dich zu sehen, aber gebe dir Bescheid wann ich kommen kann", es war „Du bist die Frau die mich zu einem besseren Mann macht, aber ich bin nicht bereit dafür zu Kämpfen„, liebe war „Du bist alles für mich, aber es passt momentan nicht in mein Leben..."

Sie wurde 24 und dann gab sich die Liebe zu erkennen und stellte sich vor mit „Es tut mir leid für das, was du durchgemacht hast, aber manchmal muss man erst erleben was ich nicht bin, um alles dass was ich wirklich bin, Schätzen zu lernen..."

Plötzlich war Liebe für sie, jemanden am Flughafen abholen weil er über das halbe Land flog um dich sehen zu können, liebe war nach der Arbeit 2Std zu fahren nur um in deinen Armen einschlafen zu können, liebe war "Ich möchte dir alles geben was du Verdienst, dir zeigen wie sehr ich dich Begehre"...

Liebe war jetzt für sie ein Gefühl von Sicherheit in einer unsicheren Welt, liebe wird nicht mit Apathie, Schmerzen und Verwirrung gezüchtet viel eher wird sie von Reife, Präsenz und Beständigkeit gezüchtet.

Jetzt war Liebe schöner als sie es sich je gedacht hätte, so schön das es jede „alte Gefühl" aus der Vergangenheit und jeden Namen der bis dahin in ihrem Herzen als Narbe wohnte wie weggepustet... Liebe ist Frieden mit sich selbst und allem erlebtem...

Und dann zerbrach sie in Nächten, obwohl der Mann der Versprach „Du wirst nie wieder Zerbrechen solange ich da bin...“ neben ihr lag, schwere Tränen liefen ihre Wangen hinunter, während der Mann der einst mal sagte „An meiner Seite wird nie wieder eine Träne dein Gesicht heimsuchen..“ neben ihr lag...

In diesen Nächten wurde ihr Blick klarer, ihr Verstand schärfer und die Ketten der „Gewohnheit“ die ihr Herz festhielten in dieser Beziehung ein wenig lockerer, sie litt still vor sich hin, in diesen Nächten tobten Kriege in ihrer Seele während er schlief wie ein Baby, da er es für selbstverständlich hielt jeden Morgen neben ihr aufzuwachen...

Eines Morgens wachte er auf und plötzlich war diese kleine für ihn so selbstverständliche Welt „zerstört“, dann begannen seine inneren Kriege und seine schlaflosen Nächte begleitet von Tränen von denen er niemals jemandem Erzählen wird... Bis ihm klar wird, das er den Hammer selbst geschwungen hat, den Hammer der diese für ihn so selbstverständliche Welt zerstört hat...

Sie hat ihre Kriege, schweren Tränen und schlaflose Nächte in denen sie Zerbrach schon hinter sich, nur focht sie das alles aus ohne das jemand was davon gemerkt hat... Denn die wirklich wichtigen Kämpfe, werden ohne Zeugen und viel Lärm ausgetragen...

Der Mann den du mal Heiraten wirst, ist vielleicht nicht der schönste, der lustigste oder stärkste Mann der dir je begegnet ist.. Aber für dich, ist er die beste Mischung aus all diesen Kategorien, weil du ihn aufrichtig Liebst wirst du auf andere Dinge wert legen...

Wenn du ihn beobachtest wie er auf der Couch liegend, seine Lieblingsserie schaut und dabei Lacht, wird dein Herz mitlachen, er wird vielleicht nicht den bestbezahltesten Job haben, doch Geld ist nichts was dich Reizt an einem Mann, eher willst du einen Mann der mit dir Zuhause sitzt der Zeit für dich und später mal Familie hat und nicht rund um die Uhr arbeiten muss nur um dich dann mit materiellen Dingen beeindrucken zu können...

Und wenn du manchmal deine kleinen Ausraster hast, bewahrt er einen kühlen Kopf und wenn er mal Frustriert oder schlecht gelaunt ist, weiß du ganz genau wie du ihn wieder in die Spur bringst, ihn wieder Aufbaust, ihn als seine Frau wieder fit für den Alltag machst... Füreinander Psychologe, bester Freund und vor allem Weggefährte in einem Leben das viele steinige Wege bereithält...

Mit ihm wird alles Spannend und interessant bleiben, abendliche Spaziergänge durch die Nachbarschaft die ihr schon hunderte male gemacht habt, auf denen ihr aber immer wieder neues entdeckt, weil euch das gemeinsame Leben schmeckt euer Verstand deshalb Wach und in eurem Herz das Kind wiedererwacht ist, Unternehmungen am Wochenende und sei es auch nur in den Zoo zu gehen, werden zu einer Art Oase die euch vom Alltag unter der Woche abschalten lässt, plötzlich bekommen Dinge die immer schon da waren eine neue Bedeutung, da sie jetzt Intensiver wahrgenommen werden und diese Augenblicke jetzt mit jemandem Teilt, der diese Welt durch dasselbe Herz sieht...

Der Mann den du mal Heiraten wirst, wird dir egal wo du bist immer ein Gefühl von „Zuhause" geben, weil er in deinen Augen der Mensch ist, dem nicht egal ist wie es dir geht, ob alles okay ist und ob dir jemand etwas Böses möchte... Er nimmt dich Abends still in den Arm und wenn du Morgens aufwachst ist sein Arm immer noch um dich, er wird wie ein kleiner Junge Videospiele neben dir Spielen, dich aber 2 Std später wie ein Gentleman zum Dinner ausführen können, ja ihr werdet auch Streiten aber niemals so sehr das du an ihm oder an euch Zweifeln würdest, wenn er mal Sauer das Haus verlässt, wird er dir trotzdem niemals das Gefühl geben er komme nicht mehr zurück, und wenn du mal Dinge zu ihm sagst die du bereust, wird er dir Verzeihen und dich in den Arm nehmen bis alles wieder gut ist...

Und dann tippte sie die letzten Zeilen, mit zitternden Händen, einem unruhigen Herzen und einer vom Krieg gegen sich selbst beherrschten Seele, an den Mann der sie soweit brachte dass sie vergaß wie man Lebt, lacht und wo sie in ihrem eigenen Leben steht, wegen dem sie Tage verschlief und Nächte irgendwie überlebte..

Es fällt ihr schwer diese Zeilen an ihn zu Schicken, doch hat sie eingesehen das nichts sich ändert, sie endlich diesem Teufelskreis aus „Ich Verzeih ihm und ich gebe ihm noch eine Chance" entfliehen möchte, sie eine Pause vom Leben braucht um wieder zu Kräften zu kommen, um später mal vielleicht wieder zurück ins Leben zu kommen... Irgendwann...

Und während die Tränen an ihrer Wange entlanglaufen, tippt sie Wort für Wort in ihr Handy, sie weiß wenn sie mit ihm Redet, schafft er es wieder sie „Weich" zu machen, schafft er es wieder ihre so verwirrte Seele, um den Finger zu wickeln und dann schafft er es, sie mit seinen Worten wieder aufzubauen, nur um sie ein paar Wochen später dann mit seinen Taten zu Zerbrechen...

Sie schrieb am Ende ihrer langen Nachricht an ihn noch dazu:

„Weißt du noch, an Tagen an denen sich diese sich selbst zerstörende Welt dir mal wieder von der hässlichsten Seite zeigte, bot ich dir ein Friedliches Zuhause obwohl in mir ein Krieg tobte, achtete ich darauf das du nichts davon mitbekommst, um dich nicht zu belasten, fernab von dieser kaputten Welt, wollte ich dir auf meine Art zeigen das du in meiner kleinen Welt immer einen Platz hast... Aber ich habe jetzt eingesehen das Menschen wie du, genau richtig sind in einer sich selbst Zerstörenden kaputten Welt, und du nichts verloren hast in der meinen...."

Meine geliebte Tochter, hör mir jetzt ganz gut zu, vielleicht erspare ich dir ein wenig Ärger und Kummer mit meinem Rat den ich dir jetzt gebe...

Lernst du einen Mann kennen, dann versuche bitte so vorzugehen...

Bevor du „Ja“ sagst, mach ihn Böse, mach ihn Wütend und beobachte ihn genau dabei wie reagiert er darauf etwas nicht zu bekommen..
Wenn ihr mal Stress habt dann sieh dir an wie er sich Verändert, weil Stress und Druck verändert Menschen, lässt er ihn an dir aus, dann ist das Schlecht den Stress werdet ihr sehr oft haben im Leben was normal ist, aber nicht normal ist das DU sein „Ventil“ bist an dem er seinen Druck ablässt, so wie er auch nicht dein Ventil sein sollte...

Finde heraus ob er Trinkt, und tut er es, dann mach ihn Betrunken und finde mehr über seine „Nüchternen Gedanken“ heraus, finde heraus was seine „Süchte“ sind und wenn du weißt welche es sind, biete sie ihm an und beobachte, ob er seine Süchte über dich stellt und du während er seine Süchte befriedigt zur „Nebensache“ wirst...

Tochter du kannst Menschen nicht ändern, wenn ein Mann wütend in seinem Innern ist, dann kann er das nicht einfach „ablegen“ wie eine Jacke die ihm nicht mehr passt, diese Wut wird immer wieder kehren und dich Zerstören meine liebe Tochter, wenn du ihn Hasst in Momenten in dem er außer sich ist, dann hasst du sein wahres Gesicht und liebst nur seine Maske in die er sich immer wieder zwingt, um dich zu beruhigen, aber er wird sich nicht für immer da rein zwingen, irgendwann setzt er sie für immer ab...

Pass auf, denn manches Verlierst du ohne viel Lärm, es entgleitet dir ganz langsam und still aus deinen Händen und aus deinem Leben....

So still das es dir Spontan vorkommen wird, weil du nicht „aufgepasst“ hast wie dieser Mensch sich gegenüber dir verändert, es wird so langsam geschehen das du es hast zwar kommen sehen, aber nicht sehen wolltest, weil du es für selbstverständlich gehalten hast, das dieser Mensch niemals gehen wird und deine Art für immer erträgt...

Und dann fühlst du wie die Leere in deinem Herzen immer mehr Platz einnimmt, deine Seele angeschlagen auf dem Boden der Tatsachen angekommen ist und deine kleine Welt, von der du dachtest das sie für immer stehen bleibt, zerbricht...

Plötzlich realisierst du, dass du jemanden Verloren hast, den du in 3 Leben nicht mehr ersetzen kannst, jemanden den du zu wenig geschätzt und dessen bleiben du für viel zu selbstverständlich gehalten hast, dir wird klar, das du etwas Einzigartiges Verloren hast, einen Seelenpartner, die andere Hälfte deines Herzens in einem anderen Menschen verloren hast...

Doch eine Sache an der du am meisten Zerbrichst ist, dass du weißt, dieser Mensch wäre noch da, mit erfülltem Herzen und einem Lächeln im Gesicht an deiner Seite, hättest du dir selbst nur öfters gesagt: „Pass auf, denn manches Verlierst du ohne viel Lärm, es entgleitet dir ganz langsam und still aus deinen Händen und aus deinem Leben...“

Manchmal musst du einsehen das du einem bestimmten Menschen vollkommen egal bist, es ihn nicht kümmert wie es dir geht, diesem Menschen dein Kämpfen nichts bedeutet und du nur Kraft, Energie und Nerven in
diesem sinnlosen Kampf liegen lässt, manchmal auch deinen Stolz...

Und während du dem Menschen dem du egal bist hinterher siehst, realisierst du nicht, das da immer einer ist, der alles für ein wenig deiner Zeit, deiner Nähe, vielleicht auch ein wenig deiner Liebe geben würde...

Aber so sind wir Menschen nun mal, wir verrennen uns in aussichtslose Kämpfe und verlieben uns in Worte die für uns vielleicht alles bedeuten, während sie für den der sich ausspricht nur „einfach so gesagt“ wurden, wir verlaufen uns in einem Labyrinth von schönen Lügen die wir bis zum Schluss glauben, weil wir wissen das die Wahrheit, das Zerstört, woran wir von ganzem „blind verliebten Herzen“ glauben, an eine Zukunft mit diesem Menschen...

Doch ist es aber so, das man diese Art von „Lektion“ im Leben braucht, um zu Wachsen, um die Naivität abzulegen die einen oft in solche Situationen bringt und um ein wenig blinder für diese Art Mensch zu werden, während wir die Augen jetzt geöffnet haben für die Art von Mensch, die dasselbe erlebt haben, die diese sinnlosen Kämpfe auch schon kämpften und die vielleicht an derselben Sorte Mensch sich die Finger verbrannten und an denen ihre Seele zerbrach...

Weil vielleicht sind wir, in der Vergangenheit so zerbrochen, dass wir in Zukunft genau so zusammen passen, wie wir jetzt sind...

1/2

Heutzutage wissen viele gar nicht mehr was eine Beziehung ist...

Sie glauben „zusammen“ ist man wenn der andere „Ja“ gesagt hat, wenn der andere viel „Zeit“ mit dir verbringt oder wenn der andere die 3 Worte „Ich liebe dich“ sagt...

Doch eine echte Beziehung die aufgebaut ist auf ehrlicher von Herzen kommender Liebe, so eine Funktioniert ganz anders...

Wenn dich der andere ehrlich und aufrichtig liebt dann ist egal wie weit derjenige weg ist, es ist auch vollkommen egal wie der andere sich kleidet und egal ist auch wie oft der andere sich meldet... Dieses „einengen“ Zerstört viele Beziehungen bevor sie richtig begonnen haben, natürlich ist eine „gesunde“ Eifersucht immer in Ordnung und zeigt dem anderen das er dir nicht egal ist, wir reden aber dann nicht von „Verboten“, „Kontrolle“ und „Stress machen“...

Wieso sollte ich einem Menschen den ich liebe und von dem ich glaube das er mich liebt etwas Verbieten...? Ihn Kontrollieren und somit Streitereien in Kauf nehmen die am Ende vielleicht sogar das Ende dieser Beziehung bedeuten würde.? Warum sollte das jemand riskieren..?

Wenn jemand dich Betrügen will, dann wird derjenige das tun in der 1Sek in der du diese Person nicht „Kontrolliert“ hast, wenn derjenige dich Verletzen will dann wird er das tun das sollte dir dann auch Beweis genug sein das keine Liebe da ist...

2/2
Heutzutage haben die meisten auch Vergessen das Sorgen, Probleme und Streit genauso zu einer Beziehung gehören wie Küssen, Lieben und Lachen... Doch die meisten wählen den einfachen weg geben dem Partner die Schuld und machen sich aus dem Staub in dem sie sich einreden das sie ja alles richtig gemacht haben und der andere einfach nicht der „richtige“ war...
Aber ich Spreche aus Erfahrung und weiß das dieses „aus dem Staub machen wenn es schwierig wird“ am Ende nur demjenigen der geflüchtet ist schadet...

An alle die in einer Beziehung sind ich sage euch, egal wie schwer die Situation ist, wie stur der andere ist, wie kalt die Luft zwischen euch gerade ist, wie tief der Streit auch ist... Ist die Liebe die ihr fühlt ehrlich und aus tiefstem Herzen dann werden sich die 2 Herzen auch wieder finden auch wenn der Verstand manchmal im Weg ist....

Fühlt nur einer von beiden noch diese Liebe dann ist das hart und schwer zu ertragen das kenne ich selbst ganz gut, doch auch wenn es abgedroschen klingt die Zeit wird zwar langsam aber sie wird für dich Arbeiten... Und wenn das Schicksal es gut mit dir meint wird ein besserer Mensch in dein Leben kommen und du wirst endlich deine Antworten haben auf die Fragen die jetzt vielleicht so unverständlich sind für dich...

Noch was an die Singles, warten lohnt sich nie... Geht raus, seid offen es gibt wundervolle Menschen da draußen die nur darauf warten eine so schöne Seele wie dich Kennenzulernen... Rede dir nicht ein alle sind Scheiße und schlecht... Deine Ausstrahlung bestimmt deine Wirkung auf Menschen und jemand der sagt alles ist Scheiße wird auch nur Scheiße anziehen...

Pass immer auf, was Du Verlierst...

Denn manches verlierst du für immer und vielleicht war es so einzigartig und wundervoll, dass du dafür vielleicht nie wieder Ersatz finden wirst oder kannst... Eines Tages könntest du vermissen, was du verloren hast, weil Du nicht unterscheiden konntest zwischen „Wertvoll“ und „Billig“ und Du Dich am Ende leider für Billig entschieden hast...

Es wird auch bei Dir der Tag kommen an dem dir klar wird was du Verloren hast, der Tag an dem Dir klar wird das da eine Lücke in deiner Vergangenheit ist, und diese Lücke eine Leere in dir und deinem Herzen hinterlässt und Du sie einfach nicht füllen kannst da Du in anderen Augen ihre suchst, jedes Lächeln an ihrem misst, das beste Parfüm an den anderen Frauen niemals so duftet wie Sie ohne Parfüm, das keine andere dir geben kann was sie dir gab und dir vor allem klar wird das sie das war was wir Männer „Die richtige“ nennen...

Doch dann ist es schon zu Spät und der Mensch der für dich Weinte und schlaflose Nächte erfuhr, unzählige Schläge gegen Wände, unendliche Versuche den Stolz zu überwinden um doch einmal Anzurufen und als ihre Welt deinetwegen Zerbrach und Sie von innen Zerriss hast Du keinen Gedanken an Sie verschwendet... Doch die Welt sie dreht sich und heute vermisst und liebst du Sie und jedes mal wenn Du Deine Hand auf die Brust legst, spürst du diese Leere... Und mit jedem Schlag gibt es ein kleines Stechen das dir ihren Namen flüstert...

Doch dieser Mensch den du gehen lassen hast hat seine Lücke jetzt gefüllt mit einem Mann der Sie im Gegensatz zu Dir von Herzen liebt, nie betrügt, jede Minute mit ihr Genießt und von ihrem Lächeln lebt...

Deshalb unterschätze niemals den Wert, der in den auf den ersten Blick kleinen, selbstverständlichen, einfachen Dingen des Lebens liegt, denn eines Tages wirst du zurückblicken und erkennen, dass es große Dinge waren die dein Herz berührten und deine Seele küssten...

Sie erhoffte sich Ruhe im Leben und Frieden im Herzen an seiner Seite, was sie aber bekam waren Stürme die täglich von neuem begannen zu wüten, und eine Unruhe der wie in Krieg in ihrem Kopf war, begleitet von einem Beben in ihrem Herzen, dass sie nicht schlafen ließ auch wenn er neben ihr lag, obwohl sie einst mal dachte neben ihm werde ich wie ein Baby schlafen können... Doch am Ende war es ein nach innen weinendes Baby, dessen schreie er niemals hörte....

Alles was sie wollte war doch nur ein Gefühl das alle „Glücklich sein“ nannten, nur ein kleines Stück davon kein großes, aber alles was sie bekam waren kleine Krümmel von einem Stück Glück, um sie bei sich zu behalten, wenn er merkte sie will gehen... So „fütterte“ er sie damit und nährte ihre Hoffnung auf bessere Zeiten... Die nie kamen...

Heute sind die Stürme weniger, die Unruhe kommt nur manchmal und der Krieg in ihrem Kopf neigt sich dem Ende zu, das Beben in ihrer Brust taucht hin und wieder auf und die schlaflosen Nächte sind seltener geworden...

Sie wird es durchziehen und durchhalten, weil sie weiß es ist das beste für sie, ein Leben zu leben, ohne ihn...

Es wird Momente in deinem Leben geben, in denen längst Vergangenes nach dir greifen möchte, um dich in der Gegenwart auf ein neues zu Zerbrechen, Momente in denen längst vergangene vom Unglück berührte Bilder, dich einholen wollen, um neues Glück in deinem Heute zu Zerstören...

Und dann sitzt du da, mit Augen die vom Zerbrechen erzählen und einem Herzschlag der dem Rhythmus eines Kämpfers gleicht, eines Kämpfers der immer wieder einen Weg zurück ins Leben findet, denn das bist du, ein zerbrochener Kämpfer der auch diese Momente und alle weiteren Kämpfe uberstehen und meistern wird, daran glaube ich... An DICH glaube ich...

Mach dir keine Vorwürfe wegen deiner Vergangenheit, du wolltest doch nur glücklich sein, ein kleines Stück vom Glück, nur ein wenig in der Sonne des Lebens liegen um eine Verschnaufpause machen zu können vor den Stürmen die dein Leben nicht nur einmal auf den Kopf gestellt haben, es ist nicht viel was du wolltest, also mach dir keine Vorwürfe...

Lebenszeit...

Wir glauben fälschlicherweise das wir noch genügend Zeit hätten, um Träumen nachzujagen, Sehnsüchte zu stillen, um auf Veränderung zu warten oder wir glauben einfach irrtümlicherweise genügend Zeit für Dinge zu haben von denen wir dachten, sie blieben für immer...

Wir glauben das dieses Leben auf uns wartet, in Momenten an denen man am liebsten auf „Pause" drücken will, weil es zu viel wird für dich, deine Seele und dein so müdes Herz, du eine „Pause" herbeisehnst weil der alltägliche Kampf dich zu sehr mitnimmt und das „nach außen hin" unbesiegbar wirken dich mürbe macht... Aber das Leben wartet nicht auf dich und deine Lebenszeit geht gnadenlos nur in eine Richtung und wird sich niemals umdrehen, um zu sehen wie es dir geht....

Am Ende liegt es an dir, ist es verschwendete Lebenszeit oder blickst du mit Stolz darauf zurück...? Hinterlässt du Menschen denen du schlechtes getan hast, sie verletzt und zerbrochen hast, so dass außer deiner Familie dich niemand vermissen würde wenn deine Lebenszeit aufgebraucht ist... Oder hinterlässt du Menschen, die deine Art schätzten, sich mit einem lächelnden Auge an dich erinnern um dann im Anschluss eine Träne nicht zurückhalten zu können, weil du ihnen so sehr fehlst...

Es liegt in der Hand von jedem selbst, für wen und für was du deine Lebenszeit ausgibst, jede Minute und jeder Tag ist einzigartig... Auch wenn die Menschen den Tagen 7 Namen gaben, so erlebst du niemals einen Tag zweimal... Vergiss das nicht...

Und dann drehte sie sich um und da sah ich ihn... Den Kampf, den Krieg und Zerbrochene, dass mich aus ihren Augen heraus direkt in meiner Seele traf...

So stark, so tapfer und doch so zerbrechlich, so aufrichtig und so Verletzlich, so voller Narben und doch so wunderschön...

Ein gelebtes Leben blickt mich aus ihren Augen an, ein verletztes aber so unglaublich aufrichtiges Herz schlägt in einem Körper den das Leben schon oft auf die Knie zwang, doch blieb sie nie lange genug unten, um endgültig zu Zerbrechen...

Frauen wie sie, werden dich nie im Stich lassen, nie etwas aufgeben an das sie glauben, werden sich immer für das „Reparieren" entscheiden und nichts „Wegwerfen"...

Frauen wie sie, sind auf den ersten Blick bzw Gespräch „Kompliziert" und vielleicht auch schwierig im Umgang, weil sie halt Dinge erlebt und gesehen haben, die jemand anderen vielleicht für immer Zerstört hätten... Aber nimmst du dir die Zeit die Geschichte hinter ihrer Person anzuhören und beginnst zu Verstehen, wieso sie so ist wie sie ist, dann wirst du eine Frau fürs Leben haben, weil Menschen die viel durchgemacht haben, wissen was zu tun ist wenn mal „schwere Zeiten" anbrechen, und sie lassen dich nicht alleine wenn die Stürme mal wieder durch euer Leben wüten, weil es nicht der erste Sturm in ihrem Leben ist...

Du hättest deine Augen öffnen sollen, sie war verrückt nach dir und wäre ohne zu zögern durch die Hölle gegangen mit dir, wäre in jeden Kampf und Krieg gezogen an deiner Seite und hätte mit dir auch den stärksten Sturm überstanden... Durch die Hölle ist sie ja gegangen, ja auch Kriege und Kämpfe hat sie bestritten und Stürme überstanden, aber das alles alleine von dem du Blinder nichts mitbekommen hast...

Es gibt viele Männer wie dich, die zu Blind waren die Frau fürs Leben rechtzeitig zu erkennen, heute sitzen sie da in einsamen Stunden und verfluchen sich selbst, weil sie Realisiert haben das eine wie sie nur einmal dein Leben streift, nur einmal deinen Lebensweg kreuzt und das eine wie sie, nur einmal geht, weil für immer....

Der Poet

Und dann ging sie, still aber sicheren Schrittes aus seinem Leben, er aber belächelte das ganze, weil er sie für nicht stark genug hielt den endgültigen Schritt weg von ihm zu machen, weil er es gewohnt war das sie immer wieder weich wird und seine Nähe sucht...

Doch dieses Mal, hat sie sich Entschieden nicht noch weiter zu Zerbrechen, sich nicht mehr unter Wert herzugeben und sie hat erkannt dass seine Nähe mehr Gift als wie Medizin ist, dass seine Liebe mehr aus Worten wie aus Taten besteht, doch vor allem hat sie endlich realisiert, dass jemand dem du wirklich wichtig bist, niemals tatenlos dabei zusehen würde, wie du zugrunde gehst....

Der Poet

Du hast eine „Hülle“ um dich herum erschaffen, anfangs hast du sie aus einem Schutzmechanismus heraus aufgebaut, heute ist sie mehr Fluch als Segen, weil diese Hülle keine Nähe zulässt, keinen Platz für Liebe hat und jeden den du kennenlernst, abschreckt weil nur die wenigsten die Zeit und Geduld aufbringen diese Hülle mit Liebe und Verständnis zu „zerschmettern“...

Alle würden sie es sehen, wie sehr du gegen dich Kämpfst, wenn sie nur lang genug in deine Augen blicken würden, aber in einer Welt in der nur jeder Augen für sich hat, ist es eine vergesse Kunst, in den Augen anderer zu Lesen, um darin den Krieg zu erkennen den dieser Mensch gerade kämpft...

Du musst Verstehen, dass nicht jeder der keine Gefühle zeigt kalt ist, es ist viel mehr diese Hülle die diese Person um sich herum erschaffen hat, die keine Gefühle nach außen durchdringen lässt...

Aber ist dir der Mensch wichtig, wirst du Verstehen müssen das es Zeit braucht und verstehen müssen das es Geduld braucht bis diese Hülle verschwindet, vor allem musst du verstehen das es eben noch Menschen gibt die sich nicht gleich auf alles und jeden einlassen, Zeit brauchen um zu Vertrauen und die dir nicht nach ein paar schönen Worten alles von sich Preisgeben....

Und noch etwas, der Mensch in der Hülle ist nicht so kalt und ablehnend zu dir weil er will dass du leidest, der Mensch in der Hülle, würde sich so gerne für dich „Öffnen“ doch macht es ihm die „Hülle“ so unglaublich schwer...

Du kannst diesem Menschen nur auf eine Art Helfen, befreie ihn aus der Hülle, mit Zeit, Geduld und Verständnis... Zeige der Person das sie es dir wert ist...

1/2
„Ich habe aufgegeben...“

Kein Satz sagt mehr „Ich habe keine Kraft mehr“ wie dieser...

Aber warum sagst du ihn..? Er kommt nicht spontan und er ist sicher keine kurzfristige Laune von dir, Nein..

Menschen die bis zum Schluss noch an ein „Happy End“ glaubten, aufrichtige Gefühle haben und nicht bei jeder „Kleinigkeit“ alles hinwerfen, sagen diesen Satz wenn es Endgültig ist, wenn es Zeit ist zu gehen.. Wenn die Kraft nicht nur am Ende sondern eigentlich schon lange aufgebraucht ist bevor dieser Satz lauter wird im Kopf...

Ja dann sagen Menschen die mit dem Herzen leben, die lange genug Gekämpft haben, die genug über sich ergehen lassen haben.. Ja dann fällt dieser Satz.. Manchmal macht dieser Satz uns Frei und manchmal aber zerstört er uns innerlich, auch wenn man es uns äußerlich nicht anmerken würde, doch wissen wir das wir mit diesem Satz alle Träume begraben, die mit dem Menschen zu tun haben, dem wir ihn sagen, diesen Satz...

Wie oft schon standest du an einem Punkt an dem du zu dir selbst sagtest „Ich kann nicht mehr, ich will nicht mehr, ich will Aufgeben..“?
Wie oft schon hat dich ein Mensch so weit gebracht mit seiner Art, mit seinen Worten und mit seinen Taten das du einfach nicht mehr weiter weißt außer Aufzugeben..?

Das gehört zum Leben, Menschen kommen und gehen, manche geben dich auf und einige wenige sind wie du, und lassen es nicht so weit kommen das dieser Satz fallen muss...

Manchmal begegnen wir Menschen, beginnen sie zu Lieben, beginnen alles für sie zu machen und beginnen all das zu tun für sie weil wir glauben das sie dasselbe für uns machen würden... Aber immer wieder holt uns die harte Realität mit voller Wucht zurück auf den kalten Asphalt der sich wahres Leben nennt, dort wo nicht jeder dasselbe Herz hat wie du und nicht an jeder Hand die du schüttelst eine gute Seele hängt, egal wie schön die Worte sind die aus dem Mund kommen..

2/2
Und wir Lernen das es Menschen gibt die es genießen wenn du ihnen immer als erstes Schreibst, die Lachen wenn du Weinst, die gemütlich da sitzen während du Kämpfst, die dir ihren Rücken zuwenden weil sie wissen das du hinterherläufst, Menschen die dich mit ihren Worten und Versprechen Streicheln und Hoffnung in deinem Herzen sähen, während du an ihren Taten und ihrem Verhalten zerbrichst..

Ja... Diese Menschen sind die schwarzen Seelen, die leeren Herzen dieser Welt... Sie nehmen dir die Kraft, sie leeren auch dein Herz so wie ihres geleert wurde, sie trinken deine Liebe die du zu geben hast ohne selbst welche zu geben und sie wollen dich Kämpfen sehen, ohne sich selbst dreckig zu machen...

Es ist nichts wofür du dich Schämen musst, wenn du mal Aufgibst, im Nachhinein wirst du vielleicht erleichtert sein es getan zu haben, weil hättest du weiter daran festgehalten, wärst du vielleicht endgültig zerbrochen und vielleicht nie wieder in ein normales Leben zurückgekehrt...

Du wachst vielleicht morgen, nächste Woche, nächsten Monat oder vielleicht erst nächstes Jahr eines Morgens auf und siehst ein das du dich eigentlich nur „gerettet" mit diesem Satz... Doch der andere, er wacht auf und merkt vielleicht das er jemanden Verloren hat, der für immer eine Lücke in seinem von Reue geplagten Herzen hinterlässt...

Der Poet

Denke nicht so viel nach über Dinge dessen Ausgang nicht in deiner Hand liegt, über Geschehnisse die schon hinter dir liegen und über Menschen die dich Verletzten...

Wir Menschen sind nun mal so, wir gehen so viele Dinge immer wieder durch im Kopf wägen ab zwischen „Gut“ und „Böse“, zwischen „Vorteil“ und „Nachteil“, zwischen „Was wenn ich..?“ und „Was wenn ich nicht..?“... Es liegt uns im Blut immer und immer wieder über dasselbe Problem, denselben Menschen und die eigentlich immer gleiche Vergangenheit nachzudenken...

Aber willst du Ruhe für dich im Innern finden, deiner Seele eine Pause gönnen so musst du Lernen „Abzuschalten“ man sagt doch immer „Die Seele baumeln lassen“..

Gönne dir mal Zeit und Aufmerksamkeit für dich selbst und schenke sie nicht immer Menschen die deine Zeit und Aufmerksamkeit nicht schätzen.
Mach dir selbst ein Geschenk und entspanne ein wenig Abseits von dieser Welt da draußen, von dieser Welt die zu sehr damit beschäftigt ist sich selbst zu Zerstören und somit auch Dich..
Du brauchst viel weniger um Glücklich zu sein als dir diese Welt erzählen will, diese Welt sie will Konsumenten haben und keine glücklichen Menschen vergiss dass nicht..
Lerne, dass die Materiellen dinge auf dieser Welt nur dein Ego befriedigen aber niemals Ruhe und Frieden in deine Seele bringen..
Kein teures Handy, nicht die neuesten Schuhe und auch nicht das größte Auto kann so auf deine Seele wirken wie es ein Waldspaziergang den du mit voller Gesundheit machst oder ein gutes Buch dass du auf der Wiese liegend mit dem Blick in den blauen Himmel liest...

Kümmer dich um deine Seele, deinen Charakter und deine Gesundheit weil nur diese Dinge dir bleiben wenn dein großes Haus abbrennt, dein Auto gestohlen wird und dein Handy kaputt geht...

Finde den Frieden in dir, mit dir, kümmer dich um deine Familie, sei ein guter Freund, ein treuer Ehemann/Frau und du wirst sehen die Nächte in denen Du Schlaflos über so viele Dinge nachdenkst werden durch Nächte ersetzt in denen du wie einst mal als Baby geschlafen hast...

Ich wünsche mir dass die Sorgen dich niemals so Schwach machen dass du auf die „Böse“ Stimme hören musst... Und ich hoffe dass die „Gute“ Stimme niemals Schreien muss dass du sie Hörst...

Ich weiß noch da war mal ein Mädchen, sie war so lebensfroh und so unglaublich herzlich das man sich in ihrer Nähe einfach wohl fühlen musste egal welche Laune man selbst gerade hatte...

Dann hörte ich wie sie mit einem Typen zusammenkam von dem jeder wusste wie er zu Frauen ist, nur sie glaubte „bei mir wird er sich ändern..." welch fataler Fehler...

Dann sah ich sie in einem Café sitzen, gedankenverloren und geistig abwesend, sie war einfach nicht mehr das Mädchen das ich so Lachend und lebensfroh in Erinnerung hatte... Ich ging rüber zu ihr um „Hallo" zu sagen...

Sie blickte mich an und lächelte aber es war ein anderes Lächeln wie damals, eines das „ich bin am Ende, aber sag es bitte niemandem" aussagt...

Ich fragte nur kurz „Was ist nur mit dir passiert..? Wo ist das Mädchen von damals hin und wer ist diese Frau die hier vor mir sitzt..??" und dann begann sie mir die Geschichte zu Erzählen

Eine Geschichte bei der ich schon selbst beim Zuhören zerbrach...

Du fragst dich jetzt sicher, wo die Geschichte bleibt... Du die sich täglich in meinen Zeilen findet, deine Seele aus der ich täglich spreche, sie kennt diese deine Geschichte...

Du bist dieses Mädchen, es ist deine Geschichte, die von einem jungen naiven Mädchen erzählt die über eine zerbrochene Seele und ein enttäuschtes Herz zur starken Frau heranreifte...

Sei Stolz auf deine Geschichte, sie macht dich aus, mit allem was du im Spiegel siehst wenn du deine Augen schließt....

Du wirst in deinem Leben oft an einen Punkt kommen, an dem du glaubst es geht nicht weiter, ein Punkt an dem du keinen Ausweg mehr siehst, wenn der Käfig im Kopf immer kleiner wird und das Atmen mehr einem Überlebenskampf gleicht und das Zittern in der Brust die überhand nimmt so dass du nicht mehr klar denken und handeln kannst, das ist der Moment an dem du gerade Zerbrichst...

Das ist der Moment, an dem dein Monatelanges manchmal auch jahrelanges nach Außen hin „alles gut" Kartenhaus in sich zusammenfällt, weil die Kraft aufgebraucht ist und du realisierst „Ich bin auch nur ein Mensch..." auch wenn du Monate und jahrelang wie ein Roboter funktioniert hast, bist du eben ein Mensch der gerade an seinem inneren Krieg zerbricht...

Du musst dich nicht Schämen dafür, lass dir auch nicht sagen es wäre eine Schwäche mal zu „Zerbrechen", denn die, die das zu dir sagen würden dir nie erzählen, von den Momenten als sie Zerbrachen, so sind wir starken Menschen eben, die wirklich wichtigen Kämpfe, bestreiten wir im stillen ohne Zeugen, ohne viel Lärm und Drama, wir Zerbrechen und kommen wieder, als wäre nichts gewesen...

Doch jedes mal wenn wir Zerbrechen, kommen wir zurück, ein wenig stärker, aber auch vernarbter, ein wenig Unsterblicher, aber auch verschlossener, bis wir am Ende so gebrochen sind, das wir unzerstörbar werden...

Bis uns dann jemand begegnet, der genauso Zerbrochen ist wie wir, und uns zeigt das Zerbrochen sein auch „Vorteile" hat, weil zerbrochene ganz genau wissen was sie wollen, im Leben, in einer Beziehung und eine ganz genaue Vorstellung haben von dem was ihnen gut tut, weil sie das schlechte schon zu genüge, gesehen, gefühlt und erlebt haben...

Ein Text für meine zerbrochenen Kämpfer da draußen, die immer wieder ins Leben zurückkommen...

Ich weiß noch da war mal ein Mädchen, sie war so lebensfroh und so unglaublich herzlich das man sich in ihrer Nähe einfach wohl fühlen musste egal welche Laune man selbst gerade hatte...

Dann hörte ich wie sie mit einem Typen zusammenkam von dem jeder wusste wie er zu Frauen ist, nur sie glaubte „bei mir wird er sich ändern..." welch fataler Fehler...

Dann sah ich sie in einem Café sitzen, gedankenverloren und geistig abwesend, sie war einfach nicht mehr das Mädchen das ich so Lachend und lebensfroh in Erinnerung hatte... Ich ging rüber zu ihr um „Hallo" zu sagen...

Sie blickte mich an und lächelte aber es war ein anderes Lächeln wie damals, eines das „ich bin am Ende, aber sag es bitte niemandem" aussagt...

Ich fragte nur kurz „Was ist nur mit dir passiert..? Wo ist das Mädchen von damals hin und wer ist diese Frau die hier vor mir sitzt..??" und dann begann sie mir die Geschichte zu Erzählen...

Eine Geschichte bei der ich schon selbst beim Zuhören zerbrach...

Du fragst dich jetzt sicher, wo die Geschichte bleibt... Du die sich täglich in meinen Zeilen findet, deine Seele aus der ich täglich spreche, sie kennt diese deine Geschichte...

Du bist dieses Mädchen, es ist deine Geschichte, die von einem jungen naiven Mädchen erzählt die über eine zerbrochene Seele und ein enttäuschtes Herz zur starken Frau heranreifte...

Sei Stolz auf deine Geschichte, sie macht dich aus, mit allem was du im Spiegel siehst wenn du deine Augen schließt....

Du wirst in deinem Leben oft an einen Punkt kommen, an dem du glaubst es geht nicht weiter, ein Punkt an dem du keinen Ausweg mehr siehst, wenn der Käfig im Kopf immer kleiner wird und das Atmen mehr einem Überlebenskampf gleicht und das Zittern in der Brust die überhand nimmt so dass du nicht mehr klar denken und handeln kannst, das ist der Moment an dem du gerade Zerbrichst...

Das ist der Moment, an dem dein Monatelanges manchmal auch jahrelanges nach Außen hin „alles gut" Kartenhaus in sich zusammenfällt, weil die Kraft aufgebraucht ist und du realisierst „Ich bin auch nur ein Mensch..." auch wenn du Monate und jahrelang wie ein Roboter funktioniert hast, bist du eben ein Mensch der gerade an seinem inneren Krieg zerbricht...

Du musst dich nicht Schämen dafür, lass dir auch nicht sagen es wäre eine Schwäche mal zu „Zerbrechen", denn die, die das zu dir sagen würden dir nie erzählen, von den Momenten als sie Zerbrachen, so sind wir starken Menschen eben, die wirklich wichtigen Kämpfe, bestreiten wir im stillen ohne Zeugen, ohne viel Lärm und Drama, wir Zerbrechen und kommen wieder, als wäre nichts gewesen...

Doch jedes mal wenn wir Zerbrechen, kommen wir zurück, ein wenig stärker, aber auch vernarbter, ein wenig Unsterblicher, aber auch verschlossener, bis wir am Ende so gebrochen sind, das wir unzerstörbar werden...

Bis uns dann jemand begegnet, der genauso Zerbrochen ist wie wir, und uns zeigt das Zerbrochen sein auch „Vorteile" hat, weil zerbrochene ganz genau wissen was sie wollen, im Leben, in einer Beziehung und eine ganz genaue Vorstellung haben von dem was ihnen gut tut, weil sie das schlechte schon zu genüge, gesehen, gefühlt und erlebt haben...

Ein Text für meine zerbrochenen Kämpfer da draußen, die immer wieder ins Leben zurückkommen...

Und dann fühle ich ihre Unruhe, das Zittern und Beben in ihrer Brust, das sie seit Jahren plagt, seit Jahren zerbricht...

In den Pausen zwischen zwei Atemzügen von ihr, liegt eine schwere, die ich mit meiner Anwesenheit lösen will, doch gleichzeitig fühle ich eine Stärke in ihr die ich mit meinem Verhalten gegenüber ihr wieder erwecken will, um sie wieder zurück ins Leben zu holen...

Denn ein liebender Mann, wird die Seele seiner Frau immer um jeden Preis Retten wollen, ihr Herz heilen und ihr die schönen Seiten des Lebens zeigen, ein liebender Mann ist immer da wenn er fühlt sie braucht ihn gerade, egal wo er sich in dem Moment aufhält und ein liebender Mann würde niemals zulassen das etwas seine Frau Zerbricht, vor allem würde ein liebender Mann, nie mitansehen wie sie sich selbst im stillen, immer weiter von einem Leben mit ihm entfernt...

Und dann wendete sie ihren Blick ab und sah sekundenlang auf einen Punkt im nichts, das macht sie immer wenn es zu viel wird, wenn der Alltag sich drückend auf ihre zerbrechlichen Schultern legt und drückt, drückt gnadenlos weiter drückt...

Dann flieht sie für ein paar Sekunden in ihre Gedankenwelt, schweift in Erinnerungen und sucht dort ein Lächeln irgendwo in den Bildern und Momenten die sie im Kopf gespeichert hat an besseren Tagen, sie geht immer tiefer in der Hoffnung ein wenig Halt zu finden während sie weiß das in der echten Welt niemand mehr da ist der sie auffängt...

Und dann sehe ich es kurz, ein Lächeln, sie bemerkt mich nicht und bevor ich mich für sie freuen kann das sie etwas gefunden hat, dass sie zum Lächeln bringt, werden ihre Augen feucht glänzend und tief traurig, weil das Bild dass sie gerade in den Erinnerungen fand, ein Bild ist von dem sie weiß es wird immer nur ein Bild in ihrem Kopf bleiben...

Ich sprach zu ihr „Hey, alles okay bei dir...? ☺“

Sie nur „Ja, alles bestens..“ sagte sie mit einem gespielten Lächeln aber tief traurigen Augen....dann setzte sie sich wieder ihre „Alltags Maske“ auf und ging...

Ich rief ihr noch hinterher „Bleib stark... Hörst du...! Bleib stark...! ?"

Irgendwann kommt ein Mensch, der das Zerbrochene in deinen Augen erkennt, der den Kampf den du schon dein Leben lang kämpfst an der Art wie du Sprichst mitfühlt, das kann dieser Mensch, weil er diese Kämpfe schon selbst Kämpfte und immer noch kämpft, er sieht das Zerbrochene in deinen Augen weil es das Zerbrochene das er in sich selbst Trägt nur widerspiegelt...

Irgendwann kommt ein Mann, der dein Gesicht in seine Hände nimmt und dich mit einem Blick ansieht der die Antwort auf all deine Fragen ist, der Sicherheit und Stabilität in dein Leben bringt, so das die Zukunft für dich etwas wird auf das du als Frau bauen kannst, weil du bisher nur Jungs kennengelernt hast bei denen du nie wusstest, woran du bist und Zukunft bei Ihnen immer nur aus Hoffen und Träumen bestand...

Und da diese Jungs in deiner Vergangenheit ein unruhiges Zittern in deiner Brust hinterlassen haben, einen Unruhigen Inneren Krieg, weil du bei ihnen nie wusstest, ob sie morgen noch da sind und was sie für wirklich für dich empfinden...

Diese Unruhe, dieses Zittern in deiner Brust, wird dieser eine Mann durch sein Verhalten gegenüber dir, durch ein ruhiges warmes friedliches Gefühl ersetzen, dieses Gefühl ist die Liebe und die Wertschätzung zu dir selbst...

Weil er weiß, das nur eine Frau die sich selbst Liebt und wertschätzt, auch ihn aufrichtig Lieben und Wertschätzen kann...

1/2
Pass auf...

Gebe acht auf die Worte die deinen Mund verlassen, sie könnten einen Schaden anrichten bei Menschen denen du Wichtig bist, die keine Entschuldigung je wieder gut machen kann...

Gebe acht auf deine Wirkung die du auf andere hast, sie Entscheidet über das Bild, dass Menschen von dir in Zukunft haben werden, ob du willst oder nicht und leider ist es heute auch so, das haben sie erst einmal ein Bild von dir im Kopf ist es so gut wie unmöglich den Menschen zu beweisen das du doch nicht der Mensch auf diesem Bild bist...
Auch wenn du jetzt vielleicht denkst „Mir ist egal was andere über mich Denken" so weiß ich das es nicht so ist, den wäre es so, das es jedem egal ist was andere über einen Denken, wäre die Welt sicher eine bessere und nicht so überfüllt mit „Mitläufern"...

„Pass auf wie du deine Frau behandelst", ich weiß dieser Satz klingt sehr abgedroschen, doch in einer Welt von Scheidungen, Kindern die ohne Väter aufwachsen und Frauen die eine Familie alleine Ernähren müssen, bekommt dieser Satz eine starke Bedeutung...
Natürlich gibt es auch Frauen die Familien zerstören, Männer dazu bringen sie zu Verlassen und ihre Kinder im Stich lassen, doch ein Mann der ein guter VATER sein will, ein EHEMANN sein will und sich Mühe gibt FAMILIENMENSCH zu sein, dann weiß ich das es kaum eine Frau geben wird die so einen Mann aufgeben würde...

2/2

Pass auf wie du deine Freunde behandelst, du willst das sie Ehrlich sind...? Dann solltest du es auch sein... Du willst das sie dich Respektieren...? Dann respektiere sie auch... Weißt du ich habe im Leben gelernt das du selbst ein guter Freund sein musst alles andere ergibt sich, glaub mir du kannst niemanden dazu bringen ein guter Freund zu sein... Alles was du machen kannst sei du einer, ist es der andere nicht so kannst du dir nichts vorwerfen, viele Freunde werden kommen und noch mehr werden gehen, der Trick dabei ist das du immer ein Freund warst von allen Menschen um dich herum, den wer immer ein guter Freund war, wird von niemandem der Feind sein... Bleib auf dem sauberen Weg, auf dem Weg der ehrlichen und Korrekten dort kommst du schneller voran da nicht viele auf diesem Weg laufen... Da der Weg der Heuchler und Lügner überfüllt ist kommen diese auch nicht sehr weit im Leben...

Pass vor allem auf welche Spuren du im Leben von anderen hinterlässt... Werden sie sich gerne an dich „Erinnern" oder wollen sie dich unbedingt „Vergessen"? Gehen sie dir in der Zukunft „aus dem Weg" oder werden sie sich „Freuen wenn sie dich mal wieder Sehen"? Werden sie „Lästern" wenn du den Raum verlässt oder werden sie von dir „Schwärmen"..?

Werden die Menschen die teil deines Lebensweges waren, lächeln wenn sie deinen Namen hören...?

Ich weiß wir leben heutzutage in einer Gesellschaft in der jeder Glaubt „Neider" zu haben, jeder Glaubt das über einen „Gelästert" wird und das aller traurigste ist das manche sogar noch Stolz darauf sind...

Aber am Ende will ich dir einfach nur sagen „Pass auf" wie du dich benimmst, dich Verhältst und welches Bild du von dir nach Außen trägst...

Eine „Gute Nacht Mail“ ein „Ich denke an dich“ oder auch nur ein kurzes „Ich bin froh dich zu kennen...“ vor dem Schlafengehen zu Lesen, eine „kleine“ Geste aber das ist es doch, dass einem ein wenig Wärme gibt in dieser Kälte die sich Alltag nennt...

Ein paar Tasten gedrückt und wenige Sekunden später weiß der andere, man ist jemandes letzter Gedanke vor dem Schlafengehen, das sind diese „Kleinigkeiten“ die immer mehr Verloren gehen in einer Welt in der ein „Ich melde mich nicht zuerst...“ mehr zählt wie dem anderen das Gefühl zu Vermitteln „Hier schau, da ist jemand der an dich denkt, jemand der dich in seinen Gedanken hat...“

Viel zu viele Beziehungen die wirklich Zukunft gehabt hätten, enden bevor sie richtig anfangen konnten... Weil einer von beiden glaubte sich „Interessanter“ zu machen, indem er sich nie zuerst meldete, seine wahren Gefühle nicht zeigte und aus „falschem Stolz“ wenig dafür Tat, um den Kontakt aufrecht zu erhalten...

Der Poet

Und dann erzählte sie mir von schlaflosen Nächten in denen sie Zerbrach, von Tagen an denen sie so Betäubt war vor Sorgen das sie dem Kalender nicht mehr glaubte, weil Wochen und Monate an ihr vorbeigingen als wäre ihre Lebenszeit nichts wert...

Sie Erzählte mir von Tränen die so schwer waren wie ihr Atem, wenn sie einen bestimmten Namen hörte, von einsamen Stunden mit leerem Blick und einem Herzen voller Erinnerungen, in langen Nächten...

Ich sagte ihr:

Das Zerbrochene in deinen Augen findest du auch in meinen, das schwere Herz muss jeder mal von uns tragen, und einen Namen bei dem der Atem kurz aussetzt, jeder hat diesen einen Namen im Herzen in Form einer Narbe, den man nie wieder vergisst...

Sei dir selbst nie Scheiß egal... Denn am Ende hast du nur dich...

Der Poet

Und wenn der letzte sein Messer zückt um es dir in den Rücken zu rammen, wird sie als einzige Loyal an deiner Seite bleiben und bricht dein Leben mal über dir zusammen und zwingt die Last der Sorgen dich in die Knie, kommt sie und sagt „Steh auf mein Löwe, gemeinsam schaffen wir das..."

Die Messer im Rücken werden kommen und gehen, dein Leben wird nicht nur einmal auseinander fallen und Sorgen wird es immer geben, dein Leben lang...

Aber eine Frau die in solchen Momenten zu dir steht, kommt und geht nur einmal im Leben... Deshalb, vergiss ihr das nie, dass sie blieb als alle gingen, sie deine Wunden heilte als jeder andere dich verbluten lies...

Sie blieb als die Stürme in dein Leben kamen, vergiss sie später nicht wenn die Sonne wieder in dein Leben einzieht, denn so eine Frau die bleibt wenn du nichts mehr hast, ihr begegnest du nur einmal, und dein restliches Leben wird dann daraus bestehen so eine wie sie, in unzähligen anderen zu suchen... Und am Ende hast du nicht nur sie, sondern auch dich selbst Verloren...

1/2

Die Vergangenheit liegt nie wirklich hinter uns, die Geister der Vergangenheit lauern hinter den Schatten und wollen uns an die Entscheidungen erinnern, die wir eins getroffen haben...

Leider weigern sich einige von uns zurückzuschauen und verstehen nicht, dass der, der die Vergangenheit leugnet, dazu verdammt ist, sie zu wiederholen...
Man kann nicht vor der Vergangenheit weglaufen Du rennst nur im Kreis, bis Du wieder in das gleiche Loch fällst, aus dem Du entkommen wolltest...
Nur das es diesmal noch tiefer geworden ist...

Wir wollen manchmal einfach nicht einsehen, wieso etwas auseinander ging, oft nicht Akzeptieren das die Wege sich Trennen können und leider zerbrechen einige daran...

Ihre einst mal so bunte, glückliche von Lachen geprägte Welt die Sie sich mit dem Partner aufbauten, hinterließ heute einen Menschen der seinen grauen Alltag meistert in der er nur noch funktioniert wie eine Maschine ohne Gefühle...
Das Lächeln lebt nur noch in seinen Erinnerungen, das Glück sucht er in längst vergangenen Tagen und das Glänzen in seinen Augen ist heute geprägt von Tränen....

2/2
Es sind die Bilder im Kopf die einen verfolgen, es sind die Bilder die einem Nachts den Schlaf rauben und es sind diese Bilder die es einem unmöglich machen sich neu zu Verlieben...

Wir neigen dazu in der Vergangenheit zu leben und merken dabei gar nicht wie sehr wir uns von der Zukunft entfernen... Wir trauern Menschen nach die vielleicht gar nicht gut zu uns waren aber die Erinnerungen erzählen dir meistens nur von den schönen Augenblicken, weil das verliebte Herz die schlechten Momente verdrängt...

So laufen wir immer wieder zurück obwohl uns der Verstand sagt „Dreh dich nicht um... Es gibt dort nichts Neues für Dich... Es wird dich nur wieder Verletzen..."
Aber wir sind taub für den Verstand, weil dir dein Herz die Ohren zu hält...

So rennen wir los zurück der Vergangenheit entgegen in der Hoffnung dort etwas zu finden das uns wieder zum Lächeln bringt, etwas das unser Herz wieder zum Beben bringt wie einst, etwas das uns Berührt auf eine Art die wir schon vergessen haben... Wir Rennen und Rennen, Bilder und Momente vergangener Tage rauschen an uns vorbei... Doch alles was wir sehen ist das was uns weiter hineinzieht und uns immer tiefer in die Vergangenheit bringt... Bis wir uns dort wieder Verlieren zwischen Erinnerungen die uns weh tun, Augenblicken die wir nicht mehr sehen wollen und Momenten die uns seit damals Veränderten...
Wir sind so versunken in Gedanken und der Vergangenheit das wir gar nicht merken wie die Zeit um uns herum vergeht...

Bis wir plötzlich wieder „erwachen"...

Und merken das es uns nichts brachte in der Vergangenheit nach neuem zu suchen, außer feuchten Augen, schwitzigen Händen und einem stechen in der Brust...

Manchmal fällt es mir schwer zu Erkennen, ob sie Glücklich ist oder doch nur eine Maske trägt wie die anderen...

Ich möchte sie Verstehen, doch ihre Lippen sie sind versiegelt... Weil sie in der Vergangenheit schon zu oft über ihr Inneres sprach und es gegen Sie verwendet wurde...

Immer wenn Sie mich Anblickt sehe ich diese Tiefe in ihren Augen.. Diese Tiefe Sie macht mir Angst aber auch neugierig... Was ist es das sie so machte..? Was ist es das diese Tiefe versteckt..? Was ist es das diese Frau so veränderte...? All diese Fragen sie Fesseln meinen Verstand wenn ich in ihre Augen sehe... Und doch bekomme ich keine Antwort wie sehr ich auch Versuche hinter ihre Maske zu blicken..

Es ist immer noch diese Stille zwischen uns, noch wurde kein Wort gewechselt, aber doch gibt Sie mir das Gefühl Sie ist nicht wie die anderen... Weil ihre Augen bände Sprechen...
In ihnen Sehe ich Wut die sich aufstaute in den letzten Jahren...
Ich sehe Schmerz der Sie begleitet in letzter Zeit... Ich sehe Sehnsucht nach all dem was ihr viele Versprachen aber keiner hielt... Ich sehe eine Frau die Reden will aber es einfach nicht kann...

Ich merke Sie beginnt jetzt meinem Blick auszuweichen, weil Sie merke ich Lese Sie und das möchte Sie nicht... Weil niemand wissen soll wie es in ihr Aussieht...

Doch ich muss ihre Augen nicht mehr Sehen, um zu wissen was das Leben und die Liebe ihr antat... Allein ihre Nähe reicht... Ich spüre das Zittern ihrer Seele, das Beben in ihrer Brust und ich Fühle ihre Tränen die Sie in diesem Moment innerlich weint...

Ich habe kein Wort mit ihr gewechselt und Sie nicht berührt... Aber bevor Sie dann ging lies Sie einen Zettel auf dem Tisch liegen auf dem Stand „Du hast mich mehr Verstanden als alle die mit mir Stundenlang geredet haben und Du hast mich mehr Berührt als jeder andere der mich Nächtelang gestreichelt hat...“

1/2
Du musst Stark bleiben...

Ich habe oft diesen Moment erreicht, an dem ich dachte es geht nicht mehr weiter, oft diesen Moment gefühlt und mir gewünscht, dass alles anders wäre... Das sind diese Momente in denen sich alles so schmerzhaft anfühlt, fern von jedem Gefühl was Liebe und Leben eigentlich ausmacht...

Es sind diese Augenblicke wenn Tränen längst vergangener Momente und Schmerzen längst vergangener Erinnerungen wieder in mir Aufwachen...

Ich war im Leben schon oft Umgeben von Dunkelheit, umgeben von falschen Freunden oft umgeben von Menschen die vorgaben mich zu Lieben... Doch das ist es doch was uns "Stark" macht... Es ist diese Dunkelheit die mich nach dem Licht streben ließ... Es sind diese falschen Freunde die mich lehrten wie Ratten "Reden", wie Ratten "riechen", wie Ratten einen "Umarmen"... Und es sind diese Menschen die mir "Unterricht" gaben in der "gespielten Liebe" die mein Verlangen nach der "ehrlichen Liebe" gestärkt haben...

So oft schon war alles was ich fühlte, ein Herz voller Narben...
Weil Ich gefangen war an einem Ort, der von Liebe und Leben nicht besiedelt war... Doch glaube ich daran das es Schicksal ist wenn dich das Leben an diese Orte führt... Den es gibt niemanden der keine Narben hat und niemanden der noch nicht an diesen Orten war... Weil uns das Leben erst die "hässlichen" Orte zeigt um dir deine "schwächen" aufzuzeigen... So das dein Charakter wächst und "Stärker" wird..

2/2
Auch wenn sie mich Aufwühlen, mich innerlich Zerrütten, mich versuchen wieder in die Knie zu zwingen ja diese Momente die an manchen Tagen deine "Stärke" prüfen Du hast sie, Er hat sie, Sie hat sie und auch Ich habe sie... Immer wenn sie kommen lege ich mich in Ruhe hin, fang an meine Gedanken und Gefühle zu sortieren und denke einmal über all das nach, was vergangen ist...
Ja, es ist nicht immer leicht und schön im Leben, viele Schicksalsschläge reißen uns oft zu Boden und manchmal verlieren wir zu jenem Moment den Glauben an alles...

Doch blicke auch zurück und sehe den Menschen.... Den Menschen der all die Erfahrungen, gute und schlechte, schmerzhafte und schöne, liebevolle und Erschütternde und noch so viel mehr hinter sich gelassen hat und komme zur Erkenntnis, dass Du ein Mensch voller Kraft und Hoffnung bist...

Ein Mensch voller Gefühle und Sehnsucht und vor allem das du ein Mensch voller Liebe und Leben bist...

Du bist die Veränderung selbst, die Weisheit und Erfahrung deines Lebens, die Liebe und Freude vieler Menschen und das Leben das du zeichnest und schreibst..

Aber vor allem bist Du die „Stärke“ die sich aus all
deinen „Schwachen“ Momenten die du überstanden hast ergibt...

Warum so bitter, so traurig und warum so überrascht...? Hast du gedacht das die Sonne ewig scheint und das Karma dich vergisst...? Wer bist du, dass das Karma bei dir eine Ausnahme macht..?!

Diese schweren Tränen in deinem Gesicht, sie erleichtern gerade die Seele des Menschen, der deinetwegen Ozeane von Tränen verschwendet hat...! Du sagst du kannst nicht Schlafen...? Das sind nur die schlaflosen Nächte die zu dir zurückkommen, weil du Schuld warst das jemand anderer zerbrach in solchen Nächten, die dich jetzt heimsuchen nur diesmal zerbrechen sie dich..

Spürst du wie schwer dein Atem wird, wenn das Karma deine Stirn küsst..? Weil es kein Kuss aus Liebe ist, nein dieser Kuss bedeutet „Jetzt bist du dran..."

Fühlst du die Last auf deinen Schultern, die dir weiche Knie macht weil das Karma die Steine vom Herzen der einen Person nimmt, und sie Stein für Stein zurück zu dir bringt, und sie wird gnadenlos weitermachen, weil du dem Karma völlig egal bist, im Gegensatz zu der Person die du zerstört hast, für die du alles warst...

Wer hat Dich so verletzt, dass Du Dir jetzt kein Pflaster mehr geben lässt...?

Die Antwort ist:

Ihr bisheriges Leben war nicht gerade dass was sie unter einem leben verstand, die aufrichtige Liebe war bisher nur ein Märchen von dem sie viel gehört, doch bisher nie selbst zu fühlen bekam, die Männerhände die versprachen sie zu Schützen und zu halten, waren am Ende nur Hände, die ihren Körper anfassen wollten....

Aus Ihren Augen blickt mich zerbrochenes und noch nicht verheiltes an, ich fühle ihre Geschichte wie einen Film bei dem du ahnst was in der nächsten Szene passiert und ihre nächste Szene ist sich vorübergehend zu verschließen vor dieser Welt, sich zurückzuziehen, Kraft zu tanken und wiederzukommen mit einem Versprechen an sich selbst:

„Ich werde nie wieder mein Leben in die Hände eines Menschen legen, der dabei zu sieht wie ich innerlich Sterbe...!“

Als deine Welt um dich herum zerbrach, vergaß sie ihre eigene, um dich in deiner wieder auf die Beine zu bringen, als deine „Freunde“ keine Zeit hatten, war sie an deiner Seite und sah dich mit einem Blick an der „Auf mich kannst du Zählen Schatz..“ sagte...

Als alles und jeder dem du Vertrautest sich als Hyäne herausstellte, übersahst du weiterhin die Löwin an deiner Seite, als die Schicksalstürme in dein Leben kamen um zu Wüten und zu Zerstören, ist sie geblieben, doch beim ersten Sonnenstrahl hast du Vergessen was sie alles für dich getan hat...

Der Poet

Irgendwann ist ihre Kraft und ihre Geduld am Ende, weil du beides mit deinem Verhalten gegenüber ihr aufgebraucht hast..

Und dann wird sie mit den Augen voller Tränen und dem Herzen voller Liebe gegenüber dir, beginnen das was noch übrig ist von ihrem Herzen und ihrer Seele zu Retten, in dem sie ihren eigenen Weg geht so schwer es ihr auch fällt, sie hat verstanden das deine Entschuldigungen nur auf Zeit sind, deine Tränen nicht echt und dein wahres Gesicht immer wieder kommt, wenn du merkst „Jetzt hab ich sie wieder Weich bekommen..."

Irgendwann werden dir deine Fehler wirklich leid tun, deine Tränen echt sein und du dich dafür verfluchen das du nicht ein einziges Mal sahst wie sehr sie Zerbrach in den Momenten als du sie verletzt hast, aber dann wird sie schon weg sein... Und du dir für immer Wünschen das dein „Schatz ich Verspreche, ich tue es nie wieder..." nicht gelogen war... Denn wäre es das nicht, wäre sie noch da...

Irgendwann liegt sie in meinen Armen, in Sicherheit von den Stürmen aus ihrer Vergangenheit, bei mir hat sie endlich einen Ort an dem ihre Seele sich schlafen legen kann, mit meinem Atem in ihrem Nacken schließt sie nachts lächelnd ihre Augen weil sie weiß ich bin Morgen, Übermorgen und für immer noch da wenn sie ihre Augen morgens wieder öffnet...

In meinen Armen hat ihre Sehnsucht ein Ende, in diesem Leben wird sie nie mehr alleine sein, ab dem Moment an dem ich ihres betrete, ich schenke ihr den Rest meiner noch verbleibenden Tage in diesem Leben...

Wir wissen beide wie oft der andere zerbrach, wissen was der andere erlebte und kennen jede Narbe des anderen, wir sind zwei Kämpfer in einem Krieg der sich Leben nennt, der Unterschied, damals kämpfte jeder für sich, heute einer für den anderen, für ein kleines Stück vom Glück...

Hmm... Die gebrochene Frau...

Ich Erzähle dir über eine Frau, die stark blieb als ihre Welt um sie herum Zerbrach, die ihre Tränen versteckte, nur um den Menschen die sie Lieben keine Sorgen zu bereiten, eine Frau die wenn sie zurückblickt sich nur selbst Zerstörte, und dass nur um einem Mann der es im Nachhinein nicht wert war, zu zeigen das sie die beste Frau für ihn ist...

Das Traurige ist, das sie wirklich die beste Frau für ihn gewesen wäre, doch wie willst du das einem Mann klar machen, dessen Augen immer auf der Suche nach besserem sind, wie sollte sie ihm zeigen das ihre Liebe wahrhaftig ist, wenn er nie vorhatte sie zu Lieben... Wie soll sie ihm beweisen das sie für immer bleiben will, wenn er selbst nur auf Durchreise war...

Es brauchte Zeit, doch sie heilte sich selbst, in dem sie ihren eigenen Wert erkannte, den sie vergessen hatte, an der Seite eines Mannes der selbst keinen Wert hatte, unzählige schlaflose Nächte hat es gebraucht die Rosarote Brille abzulegen, unendliche Tränen die in einsamen Stunden fielen und ihre Seele erleichterten, doch sie hat sich selbst gereinigt von dem Gift, das er ihr als Liebe verkaufen wollte....

Heute ist sie zwar immer noch gebrochen, doch wer ist es nicht in einer Welt wie dieser, der Trick dabei ist, sich nicht immer wieder auf dieselbe Art zu brechen lassen...

Sie ist nach außen hin Still vielleicht auch unscheinbar, doch in ihrem Innern tobt ein Krieg, dem sie sich in schlaflosen Nächten stellt, hin und hergerissen zwischen dem Verarbeiten von Dingen die sie erlebte und der Furcht vor dem Ungewissen das ihr im Leben noch bevorsteht...

Im Alltag ist sie humorvoll und am Rumalbern verliert aber dennoch nicht den Blick fürs wesentliche, unter Menschen ist sie jemand den du nicht mehr erkennen würdest, wenn du sie nur einmal beobachten könntest, wenn sie alleine ist...

Ihre Augen sprechen Bände, doch sie sieht dir nie lange genug in deine, die Art wie spricht dir was sie schon hinter sich hat, doch sie spricht ja kaum mit jemand, das Gefühl in ihrer Nähe verrät dir welch gutes Herz sie hat, das schlimme ist nur, sie meidet die Nähe zu den allermeisten Menschen...

Zwei Vergangenheiten, eine Zukunft...

Neben dem richtigen Menschen erscheint jede Party am Wochenende sinnlos, weil du endlich „Ruhe“ und „Frieden“ gefunden hast, Ruhe die dir solange fehlte in einer hektischen sich selbst zerstörenden Welt wie dieser...

Und ganz egal wie oft du in deiner Vergangenheit zerbrachst, wie oft das Leben dich schlug und ganz egal wie oft du kurz vorm Aufgeben warst, mit dem richtigen Menschen wird eure gemeinsame Welt wieder ganz, die Schläge vom Leben vergessen und Aufgeben erscheint dir plötzlich so fern...

Das ist so, weil der richtige Mensch der zu dir passen wird, auch eine Vergangenheit hat die deiner ähnelt, Narben, Schicksalsschläge und Tiefpunkte, das sind Dinge die Menschen verbinden... Teile dein Leben mit jemandem, bei dem sich ein gelebtes Leben in den Augen spiegelt, bei dem du Ruhe findest, weil er auch wie du, genug gekämpft hat im Leben und deshalb endlich ankommen möchte..

Zwei Vergangenheiten, eine Zukunft... Weil du wirst nie mit jemandem glücklich der immer nur in der Sonne lag, während du gerade einen Sturm überlebt hast...

Gute und schlechte Frauen....

Ich habe schon lange aufgehört Frauen nach richtig und falsch zu Unterscheiden, es gibt Frauen die manche als „zu Freizügig" bezeichnen wegen ihres Kleidungsstiles, doch habe ich gelernt dahinter zu Blicken und sah oft eine „Selbstbewusste" Frau der egal war was andere Denken und oft hatte Sie weniger mit Jungs zu tun wie eine die man als „Brav" von der Kleidung bezeichnen würde...

Es gibt Frauen die auf andere „Kalt" und „Herzlos„ wirken, deshalb nennt man sie „Eingebildet" und „Hochnäsig", aber das Leben und meine Erfahrungen lehrten mich hinter den ersten Eindruck zu Blicken, alles hat seine Gründe die tief in dieser Frau vergraben sind, Du der Sie eingebildet und hochnäsig nennst, kennst ihren Lebensweg mit all den Schlaglöchern nicht, Du warst nicht dabei als das Schicksal zum Schlag ausholte und Sie traf... Du weißt nicht ob Sie noch kämpft, schon am Boden liegt oder sich gerade wieder versucht aufzurichten... Du siehst nur Schminke, schöne Kleidung und eine Frau die Dir nicht in die Augen sehen will... Weil Sie vielleicht etwas Versteckt und nicht möchte das Ihre Augen sie Verraten....

Es gibt Frauen die egal wie viel Sie anderen Helfen, egal wie sehr Sie versuchen eine gute Freundin zu sein und egal wie stark Sie lieben und Kämpfen während Sie in einer Beziehung sind, Sie werden immer von einem schlechten Ruf verfolgt der wie ein Schatten über ihrem Glück liegt... Gerüchte sind schnell gesät und der Neid ist schnell geerntet, Sie ist eine Kämpferin was auf andere manchmal Böse wirkt was Sie aber gar nicht ist... Sie hat es nur Satt von Menschen denen Sie half, hintergangen zu werden, von Menschen denen Sie eine gute Freundin war, betrogen zu werden und Sie hat es unglaublich Satt sich um ihren Ruf zu Kümmern, weil Sie lernte egal wie gut Du Dich gibst in dieser Welt... Es gibt immer jemand der Heimlich mit dem Finger auf Dich zeigt und mit „Hast Du das über Sie gehört...." beginnt..
Was ich damit sagen möchte...? Hmm...

Eine „gute" Frau gibt es nicht in einer Welt in der jeder jeden mit Dreck bewirft...
Und eine „schlechte" Frau wird nicht als schlechte Frau Geboren, Sie ist immer das Ergebnis ihrer Erfahrungen im Leben und der Männer die
Sie „nicht" zurück liebten..

Der Poet

Lachen, herumalbern, das gemeinsame Leben lieben, wie zwei Seelen die Kind blieben in Körpern von zwei Erwachsenen, eigentlich könnte es so einfach sein...

Aber viel zu oft lassen sich zwei Liebende von ihrem Umfeld beeinflussen, von Freunden die selbst Single sind lassen Sie sich „Beraten“, von Gerüchten die gestreut von Menschen sind die euch nicht lächeln sehen wollen, aber vergesst nie das zwei sich aufrichtig liebende Menschen nur eins trennen kann... Nämlich der „Zweifel“ am anderen, er zerfrisst die Beziehung ganz langsam von innen...

Weitere Dinge die sich negativ auf eine Beziehung auswirken sind, das Ego, falscher Stolz und Misstrauen das einer von beiden, aus der alten Beziehung in die neue mitnimmt, ich finde der Frieden in einer Beziehung sollte immer über dem eigenen Ego stehen, der falsche Stolz wenn er nicht abgestellt wird, wird einer glücklichen Zukunft früher oder später immer im Weg stehen und die Erlebnisse aus einer alten Beziehung, werden wenn du sie nicht endlich hinter dir lässt, auch deine neue Zerstören...

Jede Beziehung hat ihre Schwierigkeiten, Tiefen und Rückschläge, doch in diesen Zeiten zeigt sich, wer nur eine Beziehung will um nicht alleine zu sein und wer jemanden wirklich nicht verlieren möchte...

Es ist einfach etwas hinzuschmeißen, weil du gewöhnt bist das dass nächste IPhone besser ist als das alte, doch Menschen sind alle einzigartig, und oft hast du jemanden verloren, den du unbewusst dein Leben lang suchen wirst, weil du zu faul warst die Verbindung zwischen euch zu „Reparieren"...

Es wird Momente geben in denen du denkst "Ich will nicht mehr und werfe alles hin...„ das ist nur ein Moment vergiss das nicht, wir Menschen neigen zu Kurzschlussreaktionen und machen dann aus Wut Dinge die wir später oft bitter bereuen, einmal okay, zweimal auch okay, aber irgendwann wird dein Partner dein ‚Aufgeben der Beziehung' akzeptieren und gehen, weil dieses „hin und her" am Ende beide zerstört...

Pass auf was du Verlierst, womöglich wirst du es nie wieder finden, in keinem anderen Menschen, weil jeder einzigartig ist und vielleicht hast du den einen Menschen gehen lassen, der am besten zu deiner Einzigartigkeit gepasst hat...

Er war einer der Typen der sich mehrere warm hielt, mal bei ihr und mal bei der war, er war der Typ der aus guten Mädchen mit einem warmen Lächeln, kühle Frauen machte die vielleicht nie wieder eine normale Beziehung führen konnten nach ihm...

Er war einer der Typen die eine Frau nervlich so weit Zerstören können dass sie anfing die Schuld bei sich selbst zu suchen, all das was er ihr antat brachte eine Unruhe in ihre Seele die noch lange nach ihm, in ihrem inneren weiter Beben wird...

Er war einer der Typen, die eine Frau so weit Verändern, dass sie Dinge tut für die sie sich im Nachhinein mit einer Träne im Auge selbst auslacht...

Der Poet

Auf meiner Brust liegend wird dein Kopf ein wenig leichter, dein Herz ein wenig Ruhiger und hier finden dich die Stürme des Alltags nicht...

Hier in meinem Arm, ist der Ort den du „angekommen" nennst, ein Ort der dir zeigt dass du vorher überall nur „gelebt" hast aber erst jetzt bist du wirklich „zuhause" und hier in meinem Arm erscheint dir alles schlechte so weit weg und das was dir gutes will, so nah...

Egal wie hart deine Vergangenheit auch war, wie oft dein Herz brach, egal wie oft du am Boden warst und auch egal wie oft du an diesem Leben zerbrachst, in meinem Armen hat das alles ein Ende, denn alles wird gut...

Der Poet

In einer Beziehung zu sein ist das einfachste der Welt, denn dazu braucht es nur zwei Körper und ein „ja wir sind zusammen..."

Aber Partner zu sein ist so viel mehr, es ist mit dem anderen weiter zu Atmen, wenn das Leben versucht beiden die Luft zu nehmen, den Schirm zu halten wenn es Sorgen tropfen regnet und die Wärme innerhalb der Beziehung behalten und sie Schützen, vor den Einflüssen dieser kalten Gesellschaft...

Und ziehen mal graue Wolken auf, so findest du Farben in allem was ihr euch gemeinsam aufgebaut habt, ist dein Kopf schwer, wird er leicht in ihrem Schoß, ist ihrer gefüllt mit belastenden Gedanken, so findet er Ruhe an deiner Schulter...

Der Poet

Irgendwann wird auch die stärkste Frau einsehen das du dich nicht mehr änderst, egal wie sehr sie Kämpft irgendwann wird ein Schalter in ihrem Kopf umgelegt, weil sie erkennt das dieser Kampf alleine nicht zu Gewinnen ist...

Sie wird Ozeane voll Tränen weinen, doch niemals vor dir, sie wird sich noch unendliche Male zwingen dir nicht zu Schreiben, dir aber dabei das Gefühl geben, du existierst nicht mehr...

Sie wird in langen Nächten mit zitternden Händen deine Nr in ihr Handy tippen und am Ende doch niemals Anrufen, dieser Kampf mit sich selbst wird sie Verändern, sie Zerstören und wieder Aufbauen, sie in die Knie zwingen am Ende aber doch wieder zu einer Königin machen...

Diese Stillen Kämpfe von denen niemand etwas weiß, nur sie selbst, ihr starkes Herz und die langen Nächte in denen keiner da war, als sie Zerbrach und neugeboren wurde...

Der Poet

In einer harten und grausamen Welt wie dieser in der wir Leben, müssen wir füreinander da sein, uns nicht Verletzen oder Hintergehen, ein Team sein das zusammenhält wenn die Schicksalstürme aufziehen, eine Armee aus zwei Kriegern die das Leben kennen und die ihr Glück niemals Kampflos aufgeben...

Wir beide können alles schaffen solange jeder von uns weiß das der andere hinter einem steht, wir können alles Erreichen und die Welt erobern solange unsere Herzen im selben Takt schlagen und unsere Sehnsüchte für den jeweils anderen Atmen...

Niemand kann dir was antun, wer will dich Ersticken wenn ich für dich Atme? Wer will dich Verletzen? Wenn sie doch in meinen Augen sehen... „Er würde für sie Sterben...“

Der Poet

Weißt du, sie wird nicht ewig dein Profil Stalken, auf deine Nachrichten warten und sie wird auch nicht ewig ihr Herz und sich selbst für dich „aufsparen“...

Sie ist geduldig, aber nicht dumm, sie Versteht wenn du keine Zeit hast, aber sie ist nicht naiv und sie gibt dir alle Zeit der Welt, wenn du ihr das Gefühl gibst, das sie ihre damit nicht verschwendet..

Von ihr kannst du alles haben glaub mir, gib ihr nur etwas an das Sie festhalten kann, etwas von dem sie weiß es hat Zukunft...

Sie ist still, sie erträgt dein Verhalten mit Stil weil sie gut Erzogen ist und sie lässt dich weitermachen... Aber sie wird dann auch still und ohne viel Lärm aus deinem Leben gehen und sich nicht umdrehen, egal wie laut du rufst das du sie doch brauchst... Denn jetzt musst du es Geduldig ertragen, das eine Frau wie sie, gegangen ist...

Der Poet

Im Leben eines jeden Mannes, gibt es eine Frau, die alle davor Vergessen lässt und an der sich alle danach auch Messen müssen..

Bist du als Mann noch zu jung und unreif, wirst du sie verlieren, weil du fälschlicherweise glaubst es werden bessere kommen und so verlierst du sie und dich selbst auf der Suche nach der „richtigen", doch irgendwann gestehst du dir ein, das du die „richtige" schon in deinem Leben hattest...

Wenn es eine Frau gibt, die dich aufrichtig Liebt, eine die dich auch mit leeren Taschen will, eine die es nicht zulässt das du am Boden liegen bleibst, eine der es wehtut wenn es dir wehtut, eine die auch wenn du nicht anwesend bist dich verteidigt wie eine Löwin, eine die noch mit der letzten Kraft in ihrer Stimme sagt „Komm, Schatz das schaffen wir auch noch..." dann halte sie fest, es wird dir nichts Besseres im Leben begegnen...

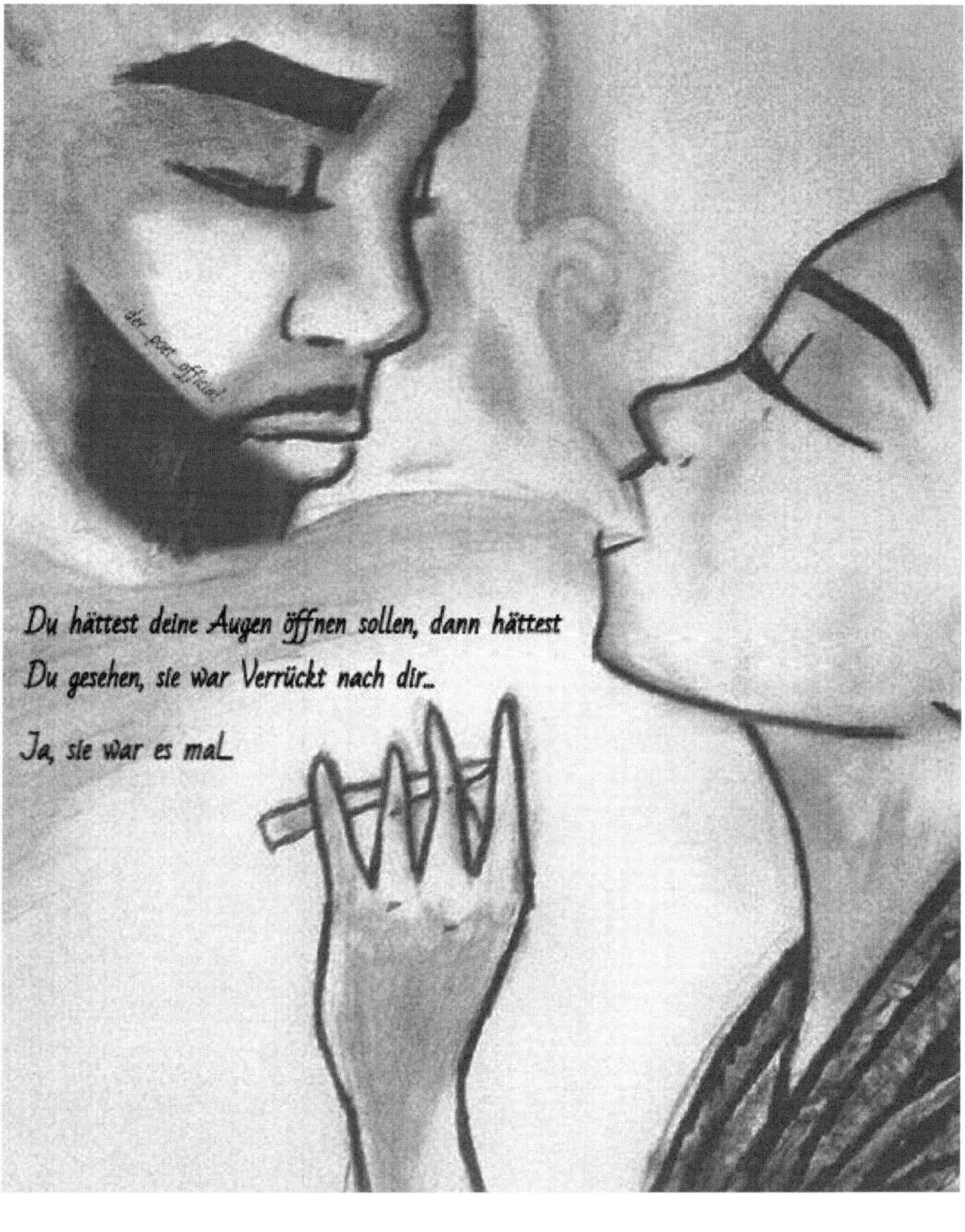
der_poet_official
Du hättest deine Augen öffnen sollen, dann hättest
Du gesehen, sie war Verrückt nach dir...
Ja, sie war es mal.

Partner sein..

Kochen, Chillen, Filme schauen, Gedanken austauschen und tiefsinnige Gespräche führen, lachen, herumalbern und dem Kind in dir eine Chance zum Überleben geben...

Den Verstand scharf aber auch offen für Neues lassen, dem Partner Verständnis entgegen bringen und stets den Respekt füreinander pflegen, Lüge für den Partner, um ihn zu Schützen aber Lüge nie, um den anderen zu Verletzen...

Du musst nicht zwanghaft „für“ den Partner leben, aber aufrichtig „mit“ ihm würde schon reichen, vertraue mit einem Lächeln im Gesicht aber niemals mit verschlossenen Augen, liebe so als wäre es für immer und gebe als willst du nichts behalten...

Vor allem gilt, egal wie gut der Mensch an deiner Seite ist, behandelst du deinen Partner nicht gut, zeigst du keinen Respekt, weißt nicht wie man eine Beziehung pflegt und willst nur nehmen aber nichts geben, dann wird auch dieser aus deinem Leben gehen...

Hmm... Das kleine Mädchen...

Ganz langsam verschwand das „kleine unschuldige Mädchen mit großen Träumen“ in ihr, mit jedem Namen und jedem Mann, dem sie erlaubte sie zu berühren...

Sie verlor an Glanz, wie ein Diamant der immer wieder von einer Hand zur anderen gereicht wird, egal wie frisch sie sich machte es war immer ein Hauch von „Verbraucht“ in ihrem Gesicht zu sehen...

Vielleicht war sie keine schlechte Frau und ganz tief in ihr drin, da bin ich mir sicher, ist irgendwo noch das kleine Mädchen, das sich verlaufen hat zwischen falschen Freunden, einem schlechten Umfeld und Männern die einfach wussten wie sie das „kleine Mädchen“ in ihr belügen, um an den Körper einer Frau zu kommen....

Komm, wir geben uns gegenseitig innere Ruhe...

Ich liebe die Art Frau, die in dieser hektischen Welt genauso wie ich, die Ruhe sucht, eine Frau die ankommen möchte an einem Ort der wenn man ihn genauer betrachtet, genau das Gegenteil von dieser Kranken Gesellschaft darstellt, ein Ort der uns beide Kraft tanken lässt, an dem wir uns Öffnen können weil wir wissen niemand möchte dem anderen Weh tun...

Ich liebe die Art Frau, die es nicht langweilig findet mal nichts zu tun, mit nichts meine ich wirklich nichts, da liegen und die Nähe des anderen spüren und dem Herzschlag lauschen, das sind Momente die zeigen das es nicht viel braucht für zwei Menschen die eins sind...

Doch viel zu viele Menschen rennen in ihren Beziehungen von einem „Wir müssen mal wieder was Unternehmen Schatz“ in das andere, schließlich will man Teil der Gesellschaft sein, gezeigt wird die Liebe fast nur noch durch materielle Geschenke, an Wochenenden muss man ja unterwegs sein (Kino, Partys, Bowling etc.) und unter der Woche wird gearbeitet und so vergehen die Wochen und Monate und eigentlich fand keiner von beiden die wirkliche “Ruhe„, so baut sich ein innerer Stress auf den beide zwar oft „unbewusst“ am anderen dann auslassen, so das die Streitereien aus dem „nichts“ entstehen und die Fassade anfängt zu bröckeln...

Dabei hätte so etwas nicht passieren müssen, weil eben die „seelische Ruhe“ nie gesucht wurde, nur die nach außen wurde gepflegt, da viele so sehr damit beschäftigt sind ein nach außen tolles Paar abzugeben und ihre ganze Energie darauf verwenden, anstatt sich zu denken „Scheiß auf alle, wir bauen uns eine eigene Gesellschaft, eine die nicht so verkehrt ist, wie die aus der alle die nach Ruhe und Glück streben, versuchen zu Flüchten...“

In einer Welt die sich im freien Fall befindet, ist sie mein Halt, in einer Gesellschaft die jede gute Seele verdirbt, nahm sie meine Hand und sagte „Komm wir gehen weg, bevor sie uns auch noch Verderben..."

Sie ist so schuldig wie ich es selbst bin, weil eine schwere Vergangenheit niemanden mit einer reinen weißen Weste gehen lässt, sie versteht Dinge über die andere sich nur wundern, weil sie das Leben auch von einer anderen Seite kennt, von einer bitteren, so wie ich auch...

Wenn du so eine Frau hast, übertreibe ich nicht damit wenn ich sage „Beschütze sie mit deinem Leben und liebe sie bis zum Ende eurer Tage..."

Sie hält dich zusammen, wenn du auseinander zu brechen drohst, in Momenten wo dir alles Sinnlos erscheint und du die Welt nicht mehr verstehst, kommt diese starke Frau und mit nur einer Berührung von ihr, ergibt alles plötzlich wieder Sinn für dich...

Sie ist stärker als sie scheint und doch schwächer als sie zu geben würde, wenn sie spürt das du sie brauchst, wird sie nie zögern für dich da zu sein und immer Stärke zeigen, egal wie schwach sie in diesem Moment wirklich ist, sie würde dich nie Fallen lassen, weil sie weiß wie das ist...

Es liegt an dir diese Frau rechtzeitig zu erkennen und vor allem Schätzen zu lernen, denn es gibt nicht mehr viele von ihnen...

Sei der Mann den so eine Frau verdient und sie wird dich zu einem König machen, egal wer du vorher warst, weil für sie zählt, wie du zu ihr bist...

Denn erkennt sie das du das schätzt was sie alles für dich tut, dann ist ihr egal ob die Welt dich für einen Bettler hält, für sie wirst du immer ein König sein... Ihr König...

Ich möchte eine Beziehung, in der „Wer wen mehr Liebt“ keine Rolle spielt, weil wir es Fühlen, müssen wir es nicht hinterfragen. Ich will eine Beziehung in der niemand vom anderen abhängig ist, weil man den anderen im Leben haben will und nicht weil man alleine nicht klarkommen würde...

Ich möchte eine Beziehung, in der wir uns die Wahrheit sagen können, ohne Angst zu haben das der andere geht, weil das nur zeigen würde, das die Beziehung bisher nur von einer Lüge lebte...

Ich will eine Beziehung, die unser beider Leben bereichert, aber nicht bestimmt, unser Herz erfüllt und die Seele beruhigt, aber nicht Unruhe sät und Nerven kostet weil man aus Abhängigkeit zusammen bleibt, obwohl man tief im Innern weiß, man passt eigentlich nicht zusammen..

Ich will eine Beziehung, die auch Blödsinn verträgt und das Kind im anderen nicht tötet, die Platz für Albernheiten lässt, aber doch nie das große Ziel aus dem Herzen beider löscht, nämlich eine eigene Familie zu haben...

Weil „eine eigene Familie zu haben“ in meinen Augen, immer der Grund sein sollte, wieso man überhaupt eine Beziehung eingeht...

Ich weiß wie bitter der Alltag sein kann und wie grau die Gesichter manchmal sind die einen umgeben, deshalb wird meine Nähe wie Urlaub sein für deine Seele und dein Herz..

Ich weiß wie eine Narbe entsteht und wie schmerzhaft es ist Verletzt zu werden, deshalb wird nie eine Narbe auf dir, meinen Namen tragen..

Ich kenne diese kleinen Kämpfe die sich im Alltag verstecken und weiß wie es ist ganz unten zu sein, deshalb wirst du nie alleine kämpfen müssen und solange ich da bin, niemals ganz unten sein...

Ich werde all das für dich sein, was nie jemand für mich war...

Der Poet

Wenn du wüsstest....

Wenn du wüsstest wie oft sie Zerbrach...
Weil sie wusste du lügst, wenn du sprachst...

Wenn du wüsstest wie viele Nächte sie da lag, ohne Schlaf...
Weil du dich nicht gemeldet hast und sie nicht wusste, wo du warst...

Wenn du wüsstest wie verrückt sie nach dir war und allem was dich ausmachte...
Wie sehr sie zu dir hielt, als die Welt dich hinter deinem Rücken auslachte...

Wenn du wüsstest, du hattest eine Königin...
Aber heute weiß sie, das Sie in dir, nie einen König hatte...

Der Poet

Eine Frau wird nicht von heute auf morgen kalt, eine Frau verschließt sich nicht einfach so und eine Frau wenn du ihr aufmerksam in die Augen siehst, zeigt dir welcher Krieg in ihrem Innern herrscht...

Nimm dir Zeit, um sie kennenzulernen, gib ihr das Gefühl dass in deiner Nähe die Welt leiser wird und lass sie Spüren dass sie neben dir weit weg ist von dieser Gesellschaft, denn zu dieser möchte sie so wie du auch, nicht gehören....

Wirf ihr ihre Fehler aus der Vergangenheit nicht vor, außer du selbst bist fehlerfrei, verstehe den Menschen der aus ihr wurde weil niemand bleibt ein Leben lang derselbe, du ja auch nicht...

Du brauchst Geduld um alle ihre Facetten kennenzulernen die ihr Charakter zu bieten hat, sie wird an manchen Tagen unausstehlich sein aber an anderen dafür wiederum unwiderstehlich, sie wird mal den ganzen Tag lachen und an anderen wird sie nachdenklich sein, du wirst erleben das sie plötzlich an dir klebt, das ist sie weil sie gerade deine Nähe und Wärme braucht, gib sie ihr, aber du wirst auch mal zu Spüren bekommen wie es ist wenn sie mal für sich sein will, das ist weil Frauen eben manchmal einfach diese Ruhe brauchen um Kraft zu tanken und sich selbst ein wenig zu finden... Versteh sie in diesen Momenten...

Sie ist nicht kompliziert, sie hat nur viel erlebt, sie ist nicht anstrengend, sie hat nur zu viel Gesehen und sie ist nicht verrückt, sie liebt halt einfach noch aus vollem Herzen, was sehr selten ist heute...

Erzähl es mir...

Komm, erzähl mir von deinen Narben aber nicht nur wie viele es sind.... Nein, lass mich fühlen wie tief sie gehen, komm erzähl mir wie oft das Leben dich Zerbrach, damit ich weiß wie oft du mich gebraucht hättest...

Erzähl mir von den kalten Herzen die dir im Leben begegnet sind, damit ich den Winter in deinem Herzen begreife, erzähl mir von deinen Schicksalsschlägen, Kämpfen und inneren Kriegen, so kann ich besser Verstehen, wieso die anderen dich „Kompliziert" nennen, wobei du eigentlich nur zu viel erlebt hast im Leben, um so „einfach gestrickt" zu sein wie der Rest...

Erzähl mir, was dieses Leben aus dir machte... Oder soll ich lieber sagen „Erzähl mir, wie dieses Leben dich zu einem Diamanten Schliff..."

1/2

Du kennst das Leben...

Wir wissen eigentlich ganz genau wie es Funktioniert... Das Leben... Und doch stehen wir immer wieder Überrascht, erschüttert oder einfach traurig vor bestimmten Situationen im Leben, obwohl wir anfangs irgendwie Spürten wie es mal Enden wird...

Du kennst die Lügen irgendwann mal alle auswendig, weil sie sich einfach wiederholen, nur die Lippen und ihre Besitzer ändern sich...

Du kennst bald alle Typen von Mensch, sie sagen zwar alle sie seinen „anders“ aber es sind meistens dieselben Versprechen die sie brechen, dieselben Masken die fallen, dieselben die immer nur Nehmen wollen und auch immer die gleichen die sich im Grunde nie ändern... Sie werden mit dem Alter nur ruhiger und fauler aber in bestimmten Situationen zeigen Sie doch wieder ihr „altes ich“...

Du kennst irgendwann mal auch den Unterschied zwischen Traum und Realität, zwischen Liebe und Gewohnheit und vor allem den Unterschied zwischen Mensch und Menschlichkeit... Bis dahin wirst Du aber erst vielen Träumen nachweinen müssen, erst viele Beziehungen erleben von denen Du dachtest dich hält die Liebe dort obwohl doch nur die Gewohnheit war und Du musst vielen Menschen glauben, vertrauen, helfen und deine Kraft für sie geben, um zu Erkennen das sie gar keine Menschen mehr sind, erst dann zeigt dir das Leben wer Menschlich geblieben ist...

2/2

Du kennst mit der Zeit die Wege, die Straßen und Gassen die alle deinen Lebensweg ausmachen... Du entdeckst Abkürzungen die dir zeigen wie du schlechtem aus dem Weg gehen kannst... Straßen die vorher voll befahren waren, weil Du anfangs einfach den anderen hinterhergingst, sind jetzt leer, weil Du gelernt hast deinen eigenen Weg zu gehen.... Gassen die Dir Dunkel und gefährlich vorkamen Du jetzt gerne, weil Du gelernt hast mit deinen Ängsten und Narben umzugehen...

Du kennst dich selbst an einem Punkt in deinem Leben so gut, das Dir egal ist was andere Reden, weil Du gelernt hast das sie immer Reden werden unabhängig von dem was Du tust... Das dir nicht mehr wichtig ist, ob dich jeder mag, weil Du gelernt hast das du dich erst selbst mögen, musst bevor du anderen zutraust sie sollen dich mögen... Irgendwann ist dir nicht mehr wichtig wie viele Menschen dich "schön" finden, weil Du weißt es sind nur ihre Augen die Urteilen in dem Moment... Doch das Leben lehrte dich das ein Herz manchmal besser sehen kann wie ein Auge...

Du kennst das Leben... Aber es ist ein weiter Weg, niemand ist geboren und hat sofort verstanden um was es hier geht... Niemand macht bei der ersten Liebe alles richtig... Du wirst sehen das Leben ist ein Abenteuer, eine Reise, eine Erfahrung.. Es ist all das und mehr.. Nimm das Leben nicht auf die leichte Schulter, lebe nicht nur im Heute, zeige deine Gefühle und sperr sie nicht ein meistens ist es zu spät wenn Du sie endlich Frei lässt, Liebe jedes mal als wäre es das erste Mal und kämpfe darum als wäre es das letzte was Du tust den oft suchst Du ein leben lang nach der Liebe um die Du einst nicht gekämpft hast, verschwende deine Zeit und Energie nicht in Hass, Rache, Lügen und sei nicht Schuld an den Tränen fremder, sei ein Mann den andere als Vorbild sehen, dem andere gerne Zuhören und andere es lieben dir ihre Zeit zu schenken.... Als Frau solltest Du mit erhobenem Kopf durch diese Welt von hängenden Schultern gehen, lass Dich von ihren Augen „berühren„ aber nicht von ihren Händen, benehme dich so das deine Art zum Verlieben ist, Rede so das die Seele sich geküsst fühlt vor allem sei die Frau, die ein Blinder unter 100 anderen am „schönsten“ findet...

Nur eine..

Es gibt nur eine Frau im Leben eines Mannes die ihn bis tief in die Seele berührt, nur einmal dass dein Herzschlag durcheinander kommt bei ihrem Namen, nur eine bei der du Dinge tust, für die dich alle deine Freunde für Verrückt halten...

Es gibt nur eine Frau im Leben eines Mannes die ihm sein Herz stiehlt aber nur bei ihr ist es auch in guten Händen, nur eine die egal wie zierlich sie wirkt, für dich Berge versetzt...

Es gibt nur eine Frau im Leben eines Mannes, die Nächtelang wach bleibt weil du ihr nicht egal bist, der nicht egal ist wie es dir geht und ob sie dir bei deinen Problemen helfen kann, nur eine die sich von Herzen für dich und eure Zukunft interessiert... Alle anderen sind vergänglich und nur auf Durchreise...

Aber erkennst du „diese eine" rechtzeitig und behandelst sie gut, dann verspreche ich dir, mit ihr an deiner Seite, bist du reicher als jeder mit einem vollen Konto, dickem Auto und großen Haus...

Einmal Königin, immer Königin...

Ich blicke sie an, diese Frau von der ich weiß sie ist gebrochen und frage mich „Wie schafft sie es nur, immer noch wie eine Königin auf mich zu wirken...?“

Sie schafft es mit ihrer Aura die sie umgibt, selbstbewusst aber nie zu hochnäsig, nett aber nie so nett, dass andere es ausnutzen können, intelligent aber kein Besserwisser, warmherzig aber kalt zu denen die es nicht anders verdienen, eine Königin im Alltag eben...

Doch weiß ich auch das sie das Zerbrochene immer noch in sich trägt, das Narben die nur langsam heilen sie in einsamen Stunden plagen, ich weiß auch sie sehnt sich nach Nähe aber gleichzeitig hat sie Angst welche zuzulassen, Sehnsucht die sich in jedem Herzschlag bemerkbar macht und doch würde sie ihre Sehnsüchte nicht laut aussprechen...

Ja, dieses Leben hat diese Königin verändert, sie Geprägt und ja auch ein wenig gebrochen, aber sie braucht einfach nur noch ein wenig Zeit um sich selbst zu Heilen und um dann wieder in neuem Glanz zu erstrahlen und sich nie wieder Zerbrechen zu lassen...

Nichts wird sie auf Dauer brechen können, weil einmal Königin, immer Königin...

Schau mal ich möchte doch nur neben dir liegen auf der Couch, dir Geschichten erzählen die dich zum Lachen bringen, während Du mit deiner Hand über meinen Kopf streichelst und mir damit zeigst „Hier darfst du starker Mann auch mal schwach sein..."

Die ganze Nacht lang reden über Gott und die Welt, dann raus auf den Balkon blicken wir in den klaren Nachthimmel und reden darüber was es da oben so alles geben könnte, hören Musik und tanzen im Wohnzimmer, gehen ins Bad und reden während dem Zähneputzen und lachen uns kaputt weil keiner den anderen versteht...

Anschließend gehen wir ins Schlafzimmer und planen den nächsten Tag, machen wir einen Ausflug oder doch eine Reise übers Wochenende? Oder verbringen wir den ganzen Tag im Bett? Vielleicht sind wir auch so Spontan und machen etwas das uns erst während dem Frühstück einfällt, weil wir beide wissen das egal was wir zusammen machen es wird schön sein, weil wir doch beide so lange gewartet haben auf einen Menschen mit dem wir das alles machen können...

1/2

Ich gehe im Stadtpark bei uns ein paar runden joggen... Dann komme ich an einer Parkbank vorbei auf der schon ein sehr alter rauchender Mann sitzt, ich setze mich zu Ihm weil ich ein wenig verschnaufen wollte....

Plötzlich sagt dieser Mann zu mir „Warum sind wir so..?" Ich entgegnete ihm „Wer ist so..?" Er wieder „Wir... Wir Menschen... Warum sind wir so..?" darauf konnte ich nur mit „Ich weiß es nicht dafür bin ich noch zu Jung und zu unerfahren, um diese Frage zu beantworten..„ Dann begann er einfach drauf loszureden...

Alter Mann:

Warum suchen manche Menschen ihr leben lang die große Liebe und wenn sie, sie dann gefunden haben, schätzen sie diese Liebe nicht, nehmen sie als selbstverständlich und weinen ihr am Ende hinterher... Warum sind wir so..?

Warum wollen wir unsere Umgebung, die Menschen die uns nicht passen und sonst auch alles immer ändern, doch wir selbst wollen uns nicht ändern geschweige den anpassen... Warum sind wir so..?

Warum Lügen, Hassen, Verletzen wir und sind schuld an fremden Tränen, wieso sehen wir in anderen immer das schlechte und glauben wir wären „bessere Menschen" als die, die wir täglich verurteilen... Warum sind wir so..?

Warum Respektieren die Menschen nicht mehr die älteren, treten ein auf die schwächeren und überlassen die Armen ihrem Schicksal... Und doch jammern sie in ihren warmen Wohnungen, weinen über ihren vollen Tellern und sind schlaflos weil sie sich den Kopf darüber zerbrechen welches neue Handy sie sich kaufen sollen... Warum sind wir so..?

Warum ist die Mutter für viele nur noch jemand für den man sich schämt in der Öffentlichkeit und der Vater nur eine Person die meckert... Und doch könnten viele von diesen Menschen nicht 1 Woche überleben ohne diese 2 Personen... Warum sind wir so..?

2/2
Warum wollen wir immer nehmen aber ungern geben, seien es Gefühle, Entschuldigungen oder auch nur ein Lächeln... Wir wollen immer das der andere „zuerst“ macht, sei es ein Anruf, eine Nachricht oder auch nur um die Hand zu reichen... Und macht der andere dann doch mal den 1.Schritt ist er der „schwache“... Warum sind wir so...?

Junge... Weißt Du warum wir so sind..? Ich sagte „Nein, dafür bin ich noch zu Jung wie ich schon sagte...“

Er fuhr fort:
Ich bin alt, habe viel gesehen, gehört, gespürt und gelernt... Bin oft gefallen, wurde belogen, verletzt und auch gehasst... Habe vertraut, geliebt und gekämpft...
Alle Seiten dieses Lebens schon gesehen, jede Sorte von Mensch kreuzte schon meinen Weg und auch jedes Gefühl das es zu Fühlen gibt war schon zuhause in meinem Herzen... Und doch habe ich es nicht verstanden, warum wir Menschen so handeln...

Er nahm einen langen zug von seiner Zigarette, lächelte mich an und fuhr fort „Ich habe viel Zeit damit vergeudet andere Menschen zu verstehen, zu versuchen hinter ihre Maske zu blicken... So oft wollte ich einfach nur wissen was der andere über mich Denkt... Ist sein Lächeln echt..? Will er mir schlechtes? Liebt sie mich wirklich..? Doch jetzt weiß ich das es Zeitverschwendung war... Menschen werden immer Masken tragen, sie werden immer über dich denken so wie du auch über sie, ihr Lächeln wird ein Lächeln bleiben unabhängig davon ob du es für echt hältst oder nicht....“

Ich war so gefesselt von diesem alten Mann das ich fragte „ Und die frage mit Liebt sie mich wirklich...? Was ist da die Antwort darauf das hast Du vergessen zu sagen..“

Alter Mann „In einer Welt von Masken, gespielten Lächeln und Worten deren schöner Klang wichtiger ist wie ihre Bedeutung, wirst Du Dir die Frage immer stellen... Aber wenn Du liebe Spürst wird sich diese Frage für dich nie stellen, schließlich fragst Du Dich ja auch nicht während Du im Regen stehst werde ich Nass?...“

Er stand auf und ging in langsamen Schritten davon...

Vorbild sein...

Für Dich möchte ein Vorbild sein, ohne Dir etwas Verbieten zu müssen... Für Dich will ich immer Zeit haben, ohne Dich einzuengen, Dir zeigen wie man von Herzen liebt, wie man eine Seele berührt und wie man auch in einer schlechten Welt ein guter Mensch sein kann...

Für die Welt kann ich ruhig ein Niemand sein, solange ich für Dich ein Held bin und ich möchte Dir beibringen wie man Stärke zeigen kann ohne andere zu Verletzen...

An deiner Mama werde ich Dir zeigen wie man eine Frau behandelt, wie wichtig Respekt ist zwischen Mann und Frau... Alles in meiner macht stehende werde ich unternehmen das deine Mama nie weinen muss wegen Papa...

Du wirst mit der Zeit sehen das „Freunde" auch mal Lügen, Betrügen und dich Hintergehen... Doch ich, dein Vater werde immer mit einem Rat für Dich da sein, immer eine helfende Hand und auch immer bis zum Schluss an das gute in Dir glauben, selbst wenn die Welt Dich schlecht redet..

Du wirst Dich Verlieben, vielleicht wirst Du auch verletzt werden und das wird Dich verändern aber das machten wir alle schon durch, doch bleib immer ein Gentleman, gewinne nie ein Herz mit der Hilfe von Lügen, deine Versprechen sollten immer aufrichtig sein, sie sagen doch immer „Wie der Vater so der Sohn" deshalb vergiss nicht Du beschmutzt mich immer mit...

Egal wie Steinig dein Weg vom Jungen zum Mann auch sein wird, ich werde immer zu Dir stehen... Offene Gespräche sollen uns Verbinden, dein Schmerz ist mein Schmerz, deine Enttäuschung ist meine... Und deine Zukunft ist mein Anliegen.. Aber vor allem möchte ich einen Menschen hinterlassen der niemanden Verletzt und den jeder Vermisst, wenn er mal weg ist... Jemand an den sich Menschen mit einem Lächeln erinnern und dem jeder sein Herz schenken würde ohne es je zu Bereuen...

Geduld...

Leider ist es so das viele Menschen diese Charaktereigenschaft nicht mehr haben, alles muss schnell gehen vor allem muss es immer so sein wie man es Erwartet hat...

Wir kaufen Fertiggerichte, weil Kochen doch Zeit braucht und wir die Geduld nicht mehr aufbringen uns mit Rezepten und Zutaten abzugeben...

Wir lernen Menschen kennen und wollen immer gleich alles über diesen wissen, weil wir die Geduld nicht mehr mitbringen ihm die Zeit zu geben um sich von sich aus für uns zu Öffnen..

Wir wollen uns in Beziehungen nicht mehr gegenseitig die Zeit geben für Gefühle, Küsse und Berührungen, weil wir die Geduld verlernt haben und schon nach 2 Wochen erwarten das der gegenüber uns ohne Maske, ohne Geheimnisse und ohne jegliche Fehler vor uns steht...

Wir möchten das die Welt um uns herum immer Funktioniert und alles immer da sein muss wenn wir es gerade brauchen,..
Das Wetter sollte sich am besten immer an unsere Freizeit anpassen sonst ist unsere Laune den ganzen Tag schlecht, weil wir die Geduld nicht mehr haben vielleicht an einem anderen Tag baden zu gehen...

Der Mensch ist schon ein eigenartiges Wesen, wir wollen Verändern und Verbessern aber wir selbst wollen uns für nichts und niemanden Verändern und wer uns Verbessern will ist ja nur neidisch oder meint es schlecht mit uns...

Wir müssen wieder Lernen die Ruhe zu finden, uns am Tag immer ein wenig Zeit für sich selbst zu geben um die Welt um sich herum ein wenig zu Vergessen, da diese schnelle Welt uns zwingt auch schnell zu Handeln, schnell zu Leben und uns deshalb manchmal auch zwingt Fehler zu machen und falsche Entscheidungen zu treffen...

Wenn du ehrlich zu dir bist, wie oft hast du dir schon gesagt „Ach hätte ich mir nur mehr Zeit mit dem und jenem gelassen...“? Ich denke oft...

Wie viele Entscheidungen hätten wir anders gefällt wenn wir die Geduld gehabt hätten abzuwarten oder um zu sehen was passiert bzw. was sich ergibt..?

Ich möchte dir mit diesem kleinen Text nur einen Rat geben, lerne Geduldig zu sein, lerne dir Zeit zu nehmen, um Menschen kennenzulernen, akzeptiere wenn etwas mal nicht so läuft wie du es dir vorstellst denn mit Geduld wird sich dir eine zweite Chance bieten die sich dem ungeduldigen nicht mehr bieten wird, vor allem wirst du sehen, das Leben belohnt am Ende immer die Geduldigen...

1/2

Mein Regentropfen...

Du bist wie dieser eine Regentropfen an meinem Fenster, nein nicht unwichtig... Sondern Du bist das einzige was mich interessiert, alle anderen Regentropfen die in diesem Moment auch am Fenster sind sehe ich nicht, mein Auge kommt nicht Weg von diesem Regentropfen...

Er glänzt anders wie die anderen so wie deine Augen es taten, er ist so rein und irgendwie habe ich den Eindruck er ist viel Schöner wie alle anderen auf diesem Fenster aber vielleicht ist dass so weil ich mit meinem Herzen auf dieses Fenster sehe...

Ich beobachte nur dich habe nur Augen für diesen einen Regentropfen, meine Hand sie berührt das Fenster aber ich kann dich leider nicht berühren...
Das Fenster stellt meine Vergangenheit dar und auf der anderen Seite der Scheibe ist eine Zukunft mit dir, und weil ich nie mit meiner Vergangenheit abschließen konnte, bleibst auch du auf der anderen Seite des Fensters...

Aber ich bin gefangen auf der einen Seite... Der Seite der Vergangenheit...

Meine Augen folgen ihm weiter, dem wunderschönen Regentropfen, sie beobachten seinen Weg, wie er anderen ausweicht und unaufhaltsam das Fenster hinunter fließt, meine Hand folgt ihm will ihn aufhalten aber er will nicht mehr warten, so wie Du schon zu lange gewartet hast...
zu lange gewartet das ich abschließe mit meiner Vergangenheit und mich endlich für uns Entscheide...

Du fließt immer weiter an der Scheibe entlang...
Bald kommst du an am Fensterrahmen...
Dem Fensterrahmen DEINER neuen Zukunft...
Einer Zukunft in der ich keinen Platz mehr haben werde..

Einer Zukunft ohne mich, ohne diesen Menschen der dich bremste auf dem Weg zu deinem Glück...

Ich blicke wieder auf die Scheibe meine Augen finden dich nicht mehr, auch am Fensterrahmen keine Spur mehr von meinem einst so schönen Regentropfen...

2/2
Du verschwindest vom Glas, meine Augen füllen sich mit Tränen, mit Tränen die deinen Namen tragen...
Tränen gefüllt mit Schuldgefühlen die ich mir und meiner Vergangenheit und meinem falschen Stolz gebe...

Nach einer Weile versuche ich auf dem Fenster einen anderen Tropfen zu finden, einen der mich so fasziniert wie du es mich hast...

Dann sehe ich einen er ist nicht so wie Du, aber ich versuche dich in ihm zu sehen versuche ihn wieder mit meiner Hand zu berühren aber es klappt nicht und das gleiche passiert wieder weil ich mit dir nicht abgeschlossen habe, werde ich auch diesen Regentropfen verlieren...

Auch in 1000 Tropfen werde ich mein Glück nicht finden solange ich am Fenster auf der Seite der Vergangenheit stehe, kein Tropfen wird je auf mich warten solange ich hier auf der anderen Seite bin...
Keinen Tropfen kann ich je berühren solange ich nicht abschließe mit meiner Vergangenheit...

Sie werden alle immer wieder unaufhaltsam am Fenster entlang fließen und ich kann sie nicht aufhalten solange mich diese Vergangenheit gefangen hält...

Was ich mit diesem Text sagen will ist:
Es ist immer derselbe Teufelskreis, wir lernen Menschen kennen sie werden uns wichtig und wertvoll und dann passiert etwas das uns von diesen Menschen trennt und wir können diese Menschen nicht einfach vergessen und aus dem Leben löschen was aber auch daran liegt das wir heutzutage viel zu schnell viele Menschen kennenlernen und wieder aus dem Leben löschen aber unser Kopf ist nicht so schnell wie manche das gerne hätten...
Wir lernen wieder neue Menschen kennen obwohl wir noch den anderen Menschen im Kopf haben und dadurch verlieren wir wieder diesen neuen Menschen...

Es ist immer dieser Kampf...

Die Erinnerungen aus der Vergangenheit stellen sich gegen die Träume der Zukunft..

1/2
Macht es Dich nicht müde fragt mich das Leben manchmal...

Um ehrlich zu sein... Ja...

Meine Ohren sie sind müde von den Lügen die sie Täglich hören, ob von den Medien, von Menschen die man mag und von denen die man nicht mag sowieso, vom Partner den man liebt und manchmal leider sogar von Menschen die dasselbe Blut haben wie Du der Familie... Und doch weiß ich das es morgen wieder weitergeht mit den Lügen deshalb bin ich sogar Müde davon mich darüber Aufzuregen...

Meine Augen sie sind müde von den „Illusionen“ die ich Glaube zu sehen denn sobald ich beginne sie zu Verstehen lösen sie sich auf... Dazu zähle ich die Liebe die mir Menschen schon vorspielten, mit leidenschaftlichen Küssen, warmen Umarmungen und wundervoller Nähe... Und doch waren es am Ende „Illusionen“ die meine Augen langsam aber sicher müde machen...

Meine Beine sie sind müde des Weglaufens vor Ängsten und vor der Vergangenheit... Sie sind aber auch müde des Hinterherlaufen's nach Menschen die uns nicht Schätzen... So müde das sie irgendwann nur noch gemütlich gehen, weil sie mit der Zeit lernen das man vor nichts Wegrennen kann und niemandem hinterherrennen muss...

Meine Seele sie ist müde des immer wieder „Öffnens“ für jemanden von dem wir Glauben er wäre es Wert... Sie ist so unglaublich müde von Menschen die sie nicht Verstehen, die ihr die Energie nehmen... So müde das sie es den Menschen in der Zukunft unglaublich schwer macht sie zu Öffnen... Weil sie gelernt hat das Menschen die eine Seele wirklich Verstehen wollen sich alle Zeit der Welt nehmen, um zu Verstehen, warum sie so „Verschlossen“ ist..

2/2

Aber nichts ist müder als mein Herz, nichts ist kraftloser wie dieses meine Herz... Es hat geliebt mit aller Kraft und genauso mit voller Kraft wurde es Enttäuscht... Es schlug eine Zeit lang mehr für andere wie für den Besitzer... Es bebte für schöne Momente und unvergessliche Augenblicke... Es ist voller Erinnerungen die es prägten für die Zukunft... Und doch ist es heute nicht mehr dasselbe, nicht mehr so kraftvoll und ich Glaube das es Müde des Liebens ist...

Ich weiß aber das egal wie Müde mein Körper, meine Seele und mein Herz sind, wenn die eine Frau mir begegnet...

Die eine, die meine Ohren wieder neugierig macht mit ihren Worten die von Herzen kommen, ihr werde ich so zuhören als hätte ich noch nie eine Lüge gehört...

Die eine, die meinen Augen dinge zeigt die sie aus tiefster Liebe macht, ihr werden meine Augen immer folgen....

Die eine, die mich nicht hinterherrennen lässt und mich mitzieht wenn es mal Bergauf geht für Sie werden meine Beine wieder Rennen als wären sie nie müde gewesen....

Die eine, die meine Seele versteht und mein Herz wieder zum Beben, Schlagen und aus voller Kraft wieder Lieben lässt.. Für Sie werde ich meine Seele öffnen als wäre sie nie verschlossen gewesen und mein Herz wird lieber als wäre es nie enttäuscht worden...

P.s: An die, die gerade „Müde“ sind... Das Leben ist anstrengend und immer ein Kampf... Ob Liebe, Beruf, Familie oder Freunde... Alles kostet Kraft.... Deshalb ist es keine Schande mal „Müde“ zu sein... Tanke Kraft in diesen Phasen deines Lebens... Um dann bei dem richtigen Menschen dein Bestes geben zu können egal was vorher war... Schließlich können die Menschen in der Zukunft nichts dafür was dir Menschen in der Vergangenheit antaten...

1/2

Liebe und die Gewohnheit...

In jeder Beziehung/Ehe kommt irgendwann der Punkt an dem die Liebe nicht mehr so frisch und süß ist wie sie es am Anfang war...

Auch wenn es hart klingt aber die Liebe ist nichts für die Ewigkeit sie vergeht wie eine Blume... Egal wie sehr du sie Pflegst und gießt du verlängerst ihr Leben aber es ist wie gesagt vergänglich...

Manchmal so schnell wie Schnee im Sommer aber manchmal ist sie wunderschön und hält lang weil sich 2 Seelen gefunden haben die das Leben und all seine Schwierigkeiten mit 2 starken Herzen die im Einklang schlagen bewältigen und meistern wollen...

Auch wenn viele jetzt sagen „Doch die Liebe kann für immer halten" Nein, den sie wird irgendwann zur „Gewohnheit" und dort entscheidet sich, wer wirklich zusammen passt... Denn sobald die Gewohnheit in eine Beziehung oder eine Ehe einkehrt ist die Zeit der Rosaroten-Brille, des aufeinander Sitzens und der Liebesbekenntnisse 24Std am Tag vorbei...

Ab jetzt Zählen die Kleinigkeiten, denn die Charakterzüge entscheiden jetzt den Fortgang der Beziehung oder Ehe...
Ist eine Beziehung erstmal einmal tief und innig genug, verletzen auch die kleinsten Lügen den Menschen gegenüber....
Alles was dich anfangs vielleicht ein „wenig" Nervte an deinem Partner könnte dich jetzt auf die Palme bringen und Grund für Streitereien sein da du Anfangs drüber hinwegsahst weil ALLES toll und „Perfekt" war an deinem Partner schließlich warst du über beide Ohren verliebt....
Jetzt ist die Gewohnheit da und zeigt dir all die „kleinen Fehler" die dein Partner hat wie jeder andere Mensch auch...
Aber die Frage ist jetzt „Liebst" du diesen Menschen mit all seinen Fehlern...?

2/2

Dann ist es manchmal auch so das die Dinge aus der Vergangenheit herauskommen die man sich Anfangs gerne verschweigt da Menschen immer nur das „beste“ von sich Erzählen beim Kennenlernen... Aber kannst du damit umgehen und „liebst“ du diesen Menschen mit all seinen Fehlern die Er in der Vergangenheit gemacht hat...? Vergiss dabei aber nicht das auch du deine Leichen im Keller hast wie JEDER Mensch auch...

Schließlich wird die Gewohnheit stärker als die Liebe, das Lachen das du Anfangs so süß fandest ist plötzlich „Normal“ geworden...
Die Augen die dir so glänzend und voller Hoffnung in deine sahen, sehen jetzt nur noch in das Handy oder auf den Fernseher....
Die Lippen die immer nur nach deinen Verlangten und die schönsten Wörter sprachen, dieselben Lippen streiten heute mit dir und belügen dich...
Das Herz das einst mal mit deinem im selben Takt schlug und mit voller Kraft dieses gemeinsame Leben wollte, heute schlägt es für sich selbst und es hat nur noch Platz für sein Ego...

Aber vor allem und das ist manchmal das schlimmste ist der Mensch den wir Liebten nicht mehr derselbe sobald die Gewohnheit mehr wiegt wie die Liebe aber warum ist das so....?

Ich sage dir wieso das so ist, Menschen leben ein schnelles Leben und sie jagen Gefühlen nach die sie nicht wirklich kennen und gar nicht wissen was es bedeutet eine Beziehung zu beginnen und schon gar nicht eine Ehe... Sie sammeln keine Erfahrung und glauben sofort derjenige ist ein Traummann/Frau doch sie bedenken dabei nicht das dieser Mensch sich verändern kann so wie man selbst ja auch...

Wir wollen immer nur alles schnell Perfekt haben...
Möchten aber nicht einsehen das man sich manchmal lieber 8 Monate kennenlernen sollte, um dann vielleicht gemeinsam 80Jahre alt zu werden wie sich 2 Wochen kennenzulernen was leider üblich ist um dann nach 2 Monaten zu sagen „Ich kannte diesen Menschen nicht wirklich“...

Lass das lange Kennenlernen zur „Gewohnheit“ werden um dann der „Liebe“ eine Chance zu geben...

1/2

Neuanfang..

Es gibt eine Insel die sich „Vergangenheit“ nennt und das Ufer dort, trägt den Namen „Neuanfang“...

Viele Menschen leben gerne auf dieser Insel und Träumen von einer besseren Zukunft so verbringen sie Tage, Wochen und manchmal sogar Jahre damit nur mit Träumen...
Und jedes mal reden sie sich ein „Morgen gehe ich zum Ufer und mache den Neuanfang und beginne einen neuen Lebensabschnitt“ leider bleibt es oft beim Wunsch und wir verziehen uns wieder tief in die Insel, wieder tief in die Vergangenheit die ja so schön war...

Wir vermissen Menschen die uns in der Vergangenheit so viel bedeutet haben, die einen großen Teil unseres Alltags prägten und wir sie beim besten Willen nicht Vergessen können... Immer wieder begegnet uns etwas im täglichen Leben, dass uns wieder an diese Person erinnert und schon zieht es uns wieder auf diese Insel und das Ufer erscheint uns auf einmal so unerreichbar weit...

So sind wir Menschen nun mal, früher war für uns immer alles besser und heute ist alles schlecht, doch ist in ein paar Jahren das heutige doch nicht so schlecht gewesen...

Diese Insel ist sehr gefährlich du musst versuchen im heute zu Leben, die Vergangenheit ist ein grausamer Ort der dich zum Gefangenen machen kann, so dass du in der Zukunft vielleicht nie wieder frei sein kannst...

2/2

Natürlich ist es schwer Menschen zu Vergessen die dir zeigten was Liebe ist, was Nähe, Zuneigung und Wärme eigentlich Bedeuten.... Wie schön ein Streicheln sein kann wenn es von einem Menschen kommt dessen Herz für dich Schlägt, wie wunderschön ein eigentlich kleiner Kuss sein kann, wenn er von Lippen kommt die nur nach den deinen Verlangen... Es ist sehr hart und umso schöner es war, desto fester hält dich diese Insel fest...

Doch du musst irgendwann anfangen an dich und dein Leben zu denken, auf dieser Insel wurde noch niemand Glücklich, bleib stark und halte durch bis du am Ufer bist....

Beginne einen neuen Lebensabschnitt, nimm den Stift und schreibe ein neues Kapitel in das Buch deines Lebens..

Blicke doch mal aus dem Fenster und atme tief durch... Das Leben hat für dich noch so viel zu bieten, so viele tolle Menschen die genauso wie du nur jemanden wollen den sie ehrlich Lieben können mit dem auch sie einen „Neuanfang“ beginnen wollen und hoffen vielleicht ihr Buch des Lebens mit dir als Hauptdarsteller darin beenden zu können...

Ich hoffe ich konnte dir der das gerade liest helfen von dieser Insel zu kommen oder dir wenigstens ein wenig Kraft gegeben zu haben um es zum Ufer des „Neuanfangs“ zu schaffen...

Wer ist „Sie“...?

„Sie“ ist meine Schwäche, meine Stärke aber vor allem meine Sehnsucht, „Sie“ ist alles was ich habe auf die Frage „Welchen Reichtum besitzt Du?“, ich kenne „Sie“ noch nicht und doch fürchte ich mich davor sie zu Verlieren...

„Sie“ ist die Stille zwischen zwei Herzschlägen, „Sie“ ist das Glänzen in meinen Augen wenn ich von ihr Schreibe und „Sie“ ist der Duft den ich allein nur mit einem Lächeln beschreiben könnte...

„Sie“ ist das an das viele „Männer“ nicht mehr Glauben, eine gute Frau, ich gebe mir Mühe ein guter Mann zu sein, weil nur so bekomme ich vielleicht mal einen Platz in ihrem von schlechten Erfahrungen geprägten Herzen und darf dort dann aufrichtige Liebe pflanzen...

Der Poet

Die „richtige“ Frau...

Hast du erst einmal ihre Seele und ihr Herz erobert lange bevor du auch nur einen Gedanken an ihren Körper verschwendet hast, so wie es sich für einen „Mann“ gehört und Ihr das Gefällt dann ist das schon mal ein gutes Zeichen... Gebe ihr Zeit, um sich zu Entscheiden, dränge Sie nicht in deine Welt... Nein, begleite Sie an ihrer Seite und zeig ihr wie schön deine Gedanken, Absichten und Träume sind... Und Sie wird dir freiwillig und einem Lächeln folgen...

Mit deiner Art, deinem Benehmen und deiner Liebe kannst Du ihr das Gefühl geben das Sie deine Arme nie wieder verlassen will, deinen Atem immer im Nacken spüren möchte und das sie deinen Herzschlag nie Missen will... All das Erreichst Du, ohne auch nur einmal danach zu Verlangen.. Sie wird dir alles geben, wenn Du ihr das Gefühl gibst Du bist es Wert alles zu bekommen...

Die Liebe ist wichtig am Anfang, doch nach einer Zeit wird es immer bedeutender den Respekt, die Aufmerksamkeit und die Ehrlichkeit zu behalten und nie aufzugeben... Den gibst du eines von diesen dreien auf, dann gibst Du auch gleichzeitig diese Beziehung aber auch diese eine Frau auf...

Sei ein Mann und Du wirst sehen... Sie wird Stolz auf Dich sein, wenn alle anderen es nicht sind... Sie wird Zeit für Dich haben, wenn alle anderen dich Vertrösten... Sie wird Dir die Wahrheit sagen, wenn alle anderen Lügen sprechen... Sie wird Dich Umarmen, wenn alle anderen Dich wegstoßen... Sie wird Dich Vermissen, wenn alle anderen Dich Vergessen haben... Sie wird mit dir Lachen wenn andere über Dich Lachen... Sie wird dich Lieben wenn der Rest der Welt dich Hasst... Sie wird all das nach dem dein Herz jahrelang schrie, und plötzlich, ist es still dein Herz, weil es dank „Ihr“ alles hat was es je wollte...

All das wird Sie machen für Dich... Weil Sie die „richtige“ ist...
Aber.... Bist Du auch der „richtige“ für Sie...?

Nimm meine Hand...

Ich möchte für Dich der Mann sein, der dir Blumen bringt, dich Ausführt und dir das Gefühl gibt ehrlich Geliebt zu werden...

Der Mann der in deinen Augen das sieht was ein Mann sehen sollte, eine Frau für immer, eine Mutter und wenn ich genauer hinsehe erkenn ich in ihrem Glänzen dieselben zwei Wünsche... ehrliche Liebe und Familie...

Ich bin der Mann der nicht nur deine Stirn küsst... Nein, mit diesem Kuss küsse ich die kleine Welt dahinter... Und all ihre schönen Gedanken die sie hat... Nichts sagt mehr „Du bist mein Stolz" wie dieser Kuss...

Dir haben viele Männer vieles Versprochen, aber ich möchte dir nur eines Versprechen... und zwar Dich aufrichtig zu Lieben... Alles andere liegt an uns beiden.. Eine Blume hat nicht 1000 Wünsche... Nein nur einen... Wasser... Und die Liebe ist unser Wasser.... ist sie ehrlich und aus tiefstem Herzen werden wir beide an ihr erblühen...

Es sind die kleinen Dinge die ich mit dir erleben will...
Ich möchte Nachts mit dir Spazieren und Sterne zählen... Mit dir auf Wiesen liegen und den Wolken Namen geben... Ich möchte dich morgens als erster Sehen wenn du deiner Meinung nach am „Hässlichsten" bist für mich aber genau da am schönsten weil ich weiß das dich niemand anderer beim Aufwachen beobachten darf... Ich möchte mit dir die ganze Nacht lachen und herumalbern als wären wir noch Kinder... Ich möchte an Sommertagen picknicken mit Dir während wir auf den Sonnenuntergang warten... Ich möchte dir deine Nase klauen, dich zwicken und stupsen, dich Küssen und dir zärtlich in den Hals beißen... Ich möchte den Winter mit dir unter der Decke verbringen... Den Herbst tobend im Laub... den Frühling zwischen den blühenden Blumen spazierend..

All das ist möglich... Nimm nur meine Hand...

P.s: Vielleicht ist das in einer Welt wie sie heute ist zu Romantisch... Aber ich weiß das es Frauen gibt die genau von dem Träumen... Und es Männer gibt die genau das vorhaben... Nur finden sich beide nicht, weil sie Angst haben ihre Maske die sie von der Gesellschaft aufgesetzt bekommen haben, abzunehmen...

1/2

Die gebrochene Frau...

Es gibt viele gebrochenen Frauen doch erzähle ich heute von einer bestimmten...

Von einer die sich mal der Liebe hingab, in der Hoffnung genauso geliebt zu werden, einer Frau die nach außen hin auf High heels geht doch im Innern schon auf Knien kriecht...
Von einer Frau die ihm alles gab... Und er ihr nur alle nahm....

Der Mann der sie „zerbrach" weil er nicht sah, wie zerbrechlich sie doch ist, der Blind dafür war, um in ihren Augen zu Erkennen das Sie nicht mehr kann...
Er war es der mit seiner Art eine mal einst so tolle Frau zerstörte, Sie kam, wann er wollte und sie ging wenn er sie nicht mehr brauchte...
Dieses Hin und Her zerriss sie in zwei... Ein teil hasste ihn abgrundtief... Der andere teil liebte ihn Blind...

Ihre gutmütige Seele und ihr verliebtes Herz zerschlugen ihren Verstand so, dass Sie nicht mehr klar Denken konnte... Bis zu dem Tag an dem Sie sah das er eine andere hat...

Dieser Moment veränderte Sie für immer... Tränen glitten ihre Wangen entlang, Sie waren so rein wie ihr Verstand in diesem Augenblick und Sie glänzten wie der Hass in ihrem Herzen der sie ab heute beherrschen wird...
Rücksichtslos küsste er die neue vor Ihr... Auch das veränderte Sie für immer....
Sie lernte in diesem Moment das dass Leben und Liebe einen Menschen aufbauen und gleichzeitig zerstören kann, das die Lippen die „Für immer" sprachen morgen schon Lippen sind die andere Küssen, das Menschen gehen wenn sie glauben was „besseres" gefunden zu haben aber vor allem Schwor Sie sich in diesem Moment:

2/2

Meine Tränen gehören ab heute nur mir und meinen Augen, mein Herz werde ich hinter 100 Schlössern verschließen bis der Mann kommt der Geduld, Zeit und Liebe mitbringt die reicht um 100 Schlösser mit seiner Art, seiner Zärtlichkeit, seiner Treue und Ehrlichkeit zu Öffnen...

An die, die gerade eine schwere Zeit durchmachen weil Sie Menschen Liebe gaben die keine Liebe verdienen, weil sie ihr Herz denen Schenkten die selbst Herzlos sind, weil sie ihre Seele öffneten für Menschen die nur hereinkommen wollen dich selbst aber nicht einladen in ihre... All das muss jeder von uns durchmachen... Also lasst euch nicht „brechen“ von diesen Menschen... Geht weiter durch diese Welt es gibt für jeden einen Menschen der dich ergänzt... Und vergisst nicht dieses „Es gibt keinen Mann/Frau für mich“ Denken... Menschen spüren das und die vielleicht „richtigen“ für Dich werden Dir aus dem Weg weil Sie deinen Hass in dir Spüren... Du ziehst das an was Du ausstrahlst... Lebe das was Du von anderen erwartest und Du wirst sehen die richtigen Menschen werden in dein Leben treten... „Scheiße“ zieht die Fliegen an... Und „Honig“ die Bienen...

Der Poet

Tage, Monate, Jahre und das Alter...

Manchmal lerne ich ältere Menschen kennen die Glauben sie wären für immer Jung und die sich für ewig wild halten, dann sehe ich wiederum welche die Jung sind, sich aber für viel älter und reifer halten...

Dazu kann ich nur sagen, alt vom Körper werden wir mit der Zeit alle, doch nicht jede Seele und jedes Herz ist so alt wie der Körper, die einen Leben so vorsichtig, dass sie fast wie Neu irgendwann im Sarg liegen, andere aber Leben, Lieben und Riskieren einfach etwas... Deren Körper ist zwar alt doch Ihre Seele ist frei und voller Frieden da sie immer Tat was sie wollte, Ihr Herz ist vielleicht mit Narben übersät doch es Liebte und genoss es, auch wenn es oft Schmerzhaft war...

Ich finde man sollte irgendwann mit Erinnerungen an schöne Dinge, mit Augenblicken die tief im Herzen gespeichert sind und Momenten die sich in die Seele eingraviert haben auf dem Sterbebett liegen und nicht mit unerfüllten Träumen und verpassten Chancen zähneknirschend dem Lebensabend entgegen gehen zu müssen...

Auch ich möchte mal im hohen Alter mit „Ihr" an meiner Seite durch den Park gehen und Tauben füttern, auf der Parkbank sitzend die Stille und Ihre Nähe genießen, mit Ihr den Blumen im vielleicht letzten Frühling beim Blühen zu sehen, auf der Wiese die frische Luft einatmen im vielleicht letzten Sommer und ich möchte mit Ihr auch im hohen Alter unter der warmen Bettdecke Kuscheln im vielleicht letzten Winter den ich Erlebe...

Hmm... Lebe jetzt, es kann sein das Du morgen aufwachst und es sind Jahre vergangen, Träume geplatzt, Wünsche in weite ferne gerückt, Menschen die Du warten lassen hast sind für immer weg und alles was Dir wichtig war, könnte schneller gestern sein als Du denkst... Und aus dem Gestern wird nie wieder Morgen werden...

Du kannst einen schönen Vogel der dir gefällt in einen „Käfig" einsperren und seine Anwesenheit genießen, wann immer dir danach ist so wirst du ihn „Besitzen" und er wird sich sicher nach einiger Zeit an seinen Käfig „gewöhnen", auch wenn du ihm das Türchen öffnest wird er bleiben weil er sich an dich gewöhnt hat... Doch diese „Liebe" wird meistens einseitig sein da du Besitzen und Kontrollieren willst aber Lieben etwas völlig anderes ist...

„Freiheit" ist mindestens genauso wichtig wie die Liebe in einer Beziehung, etwas dass du mit Gewalt bekommst kannst du in Zukunft sehr oft auch nur mit noch mehr Gewalt behalten... Und etwas das in Ketten liegt wird irgendwann seinen Moment haben das ihm sagt „Es reicht" und es wird fliehen...

Das Band dass euch Verbindet darf nie aussehen wie eine „Kette", der Raum in dem ihr zusammen lebt darf für einen von beiden niemals wie ein „Käfig" sein...

Der Poet

Für „Sie"...

Würde ich all ihre Sorgen auf meine Schultern nehmen, in einer Hand ihre Schmerzen aus der Vergangenheit tragen, um ihre Seele zu erleichtern und unter meinem anderen Arm hätte sie Schutz vor zukünftigen Enttäuschungen...

Für „Sie"...

Würde ich die bitterste Stunde ertragen, für nur eine süße Sekunde neben ihr.... Ich würde Versprechen nie wieder andere Lippen zu Küssen, wenn ich dafür Ihre nur einmal Küssen dürfte...

Für „Sie"...

Würde ich dem Rest der Welt den Rücken kehren, wenn ich dafür in ihr Gesicht sehen kann.... Dem Rest der Welt meine kalte Schulter zeigen, wenn ich weiß das ihr Kopf auf meiner anderen liegt...

Für „Sie"...

Würde ich der Mann sein wollen von dem alle sagen so einen gäbe es heutzutage nicht mehr...

Der Poet

Ich kann Dir nicht Versprechen das ich der beste bin oder sein werde der deinen Lebensweg je Kreuzte, aber...

Wenn das Leben wieder einmal mit voller Kraft zuschlägt, Dir alles zu viel wird und Du Geborgenheit und Liebe brauchst.. Dann bin ich „an deiner Seite"....

Wenn alle anderen Dir mal wieder zeigen das Freundschaft und Vertrauen verloren gegangen sind in einer Welt von Lügen und Neid... Dann bin ich „an deiner Seite" um Dir in meiner kleinen Welt ein Lächeln zu schenken...

Wenn der Hass dich wieder vergiftet, weil Du Liebe vergeblich suchst zwischen Menschen die wie Eisblöcke denken... Dann bin ich „an deiner Seite" und biete Dir Wärme und einen Platz an, am Lagerfeuer der Sehnsucht und wir werden das Feuer mit Leidenschaft füttern so das es nie erlischt...

Wenn deine Sorgen zu sehr an Dir zehren und Dich von Innen zerfressen, weil dieses Leben es anders nicht kennt... Dann bin ich „an deiner Seite" und Kämpfe mit Dir und wenn es sein muss dann Verlieren wir gemeinsam....

Wenn deine Hoffnung Hand in Hand mit der Kraft versucht aus deinem Leben zu gehen... Dann bin ich „an deiner Seite" und werde neue Hoffnung und neue Kraft in dein Leben bringen.. Weil ich so sehr an Dich glaube auch, wenn alle anderen Dich aufgegeben haben...

Irgendwann tritt eine Frau in dein Leben, die all deine Wut und den Hass in dir, der sich über Jahre angesammelt hat bändigen kann....
Sie wird all die schlechten Frauen aus der Vergangenheit, wie ein unbedeutendes Sandkorn in der Wüste deiner Vergangenheit wirken lassen..

Irgendwann tritt dieser Engel in dein Leben der im Gegensatz zu allen anderen Menschen deine „innere" Trauer sieht und sich zum Ziel setzt inneren Frieden in dein Leben zu bringen, wie eine Rose die einen Garten erst vollendet, so macht sie dein Leben erst vollkommen komplett...

Irgendwann kommt die Frau die aus Lügen Wahrheiten macht, aus Tränen ein Lächeln, aus Hass Liebe und aus einem einst harten verbitterten Herzen ein Herz das endlich wieder und vor allem diesmal für immer Lieben kann...

Es gibt nicht viele Frauen von dieser Sorte aber gebe nicht auf, es gibt viele Frauen mit einer wundervollen Seele da draußen, da bin ich überzeugt davon...

Der Poet

1/2

Ihr Kleid....

Da sitzt sie nun, enttäuscht von dem Menschen der ihr alles bedeutete... Verlassen von dem Menschen der Versprach es niemals zu tun...

Sie sitzt in Gedanken versunken, in Erinnerungen schwelgend vor ihrem Kleid das er ihr einst Schenkte...

Ein Kleid aus einem Stoff der nach Träumen riecht, nach Träumen die sie mal Erfüllt sehen wollte mit ihm... Weil er ihr ja das Gefühl gab das er all ihre Träume wahr machen wird und sie ihm das leider Glaubte...

Ein Kleid das so schön glänzte im Sonnenschein, es schillerte in den Farben der Liebe... Ja die Liebe, mehr wollte sie nicht von ihm, sie hatte keine großen Wünsche und verlangte nie teure Geschenke, alles was sie wollte war zurück geliebt zu werden von ihm...

Ein Kleid genäht aus Versprechen, aus Versprechen die er ihr machte, sie waren größer wie seine Liebe zu ihr, sie waren nur dazu da sie zu Erobern mehr nicht...

Ein Kleid das bestückt war mit Diamanten, mit Diamanten die so stark funkelten das sie Blind machten und die so schön waren das sie, sie Sprachlos werden ließen ..... Blind vor all den schlimmen Dingen die er machte und stumm, weil sie einfach nichts gegen ihn sagen konnte...

2/2
Aber....

Aber irgendwann fing der Stoff der mal nach Träumen roch an zu Stinken... zu Stinken nach Albträumen und Sorgen...
Auch die Farbe die mal den Glanz und die Farbe der Liebe trug, verblasste und wurde Grau... So Grau wie der Alltag in der Beziehung und so blass wie die Worte die gewechselt wurden miteinander..
Die Nähte der Versprechen platzen an den Lügen, an den Lügen die nach und nach ans Tageslicht kamen...

Und mit der Zeit fiel ein Diamant nach dem anderen ab vom Kleid...
Und mit jedem Diamanten der abfiel wurde ihr Blick klarer und ihre innere Stimme lauter...

Bis sie am Ende sah, wer Er wirklich ist und sie sich sagte „Es reicht!"...

Nun sitzt sie vor diesem Kleid... Es ist Grau, ohne Diamanten, Farblos mit aufgeplatzten Nähten... Sie wird es aber niemals wegwerfen, dieses Kleid hat aus einem Mädchen eine Frau gemacht.. Aus einem schwachen, braven, ruhigen, alles über sich ergehen lassendem Mädchen... wurde diese eine starke Frau gemacht die heute weiß was sie will.. Und nicht mehr auf jeden „Jungen" hereinfällt, der sich mit den Worten eines „Mannes" brüstet doch die Taten ihn als „Jungen" entlarven...

Viele Frauen kennen dieses „Kleid"... Die meisten tragen dieses Kleid immer noch, jeden Tag im Herzen, in ihrer Seele und wenn man ihnen ganz tief in die Augen sieht...
Dann sieht man sie auch heute noch manchmal in dem Kleid tanzen und lächeln...

Der Poet

1/2
Sie...

Jeder Mann begegnet „ihr" im Leben...

Es ist diese Frau die dir nur einmal über den Weg läuft, nur einmal lässt das Schicksal zu das sich eure Wege kreuzen, nur einmal hast du die Chance sie zum ersten Mal zu sehen...

Das ist eine Art Frau die es nicht oft gibt auf dieser Welt, sie sind wie der Rosa Diamant unter den normalen Diamanten, sie sind wie die rote Rose unter all den anderen Rosen..
Sie ist einfach das, über das jeder Mann redet wenn er Geschichten über „Sie" erzählt, über die Frau die er über alles liebte, für die er die Zeit zurück drehen würde, für die er wieder zum ersten Mal lieben will..
Für die er 1000 Tode sterben würde nur um einmal wieder 1 Minute neben ihr Leben zu können...

Aber du wirst es leider nicht zu schätzen wissen was „Sie" alles für dich macht, ihre Liebe als Selbstverständlich sehen...
„Sie" verletzen weil du ihre warme Art mit deinen kalten Worten zerstörst... Du ihre sanften Hände die versuchen dich zu Streicheln wegen deiner harten Ignoranz nicht mehr spürst...
Du ihre saubere Seele mit Händen berührst, die du kurz vorher an anderen Frauen beschmutzt hast...
Du ihren ehrenvollen Charakter mit deinen Ehrenlosen Taten wie ein Glas zerbrichst...
Du ihre Liebe die sie für dich empfindet, wegen all diesen Dingen verschwinden lässt, wie einen Regentropfen in der Wüste... Obwohl dieser Regentropfen der ihre Liebe darstellt, einst mal so groß wie ein Meer war..

2/2
Doch irgendwann wird sie gehen und mit ihr all dein Glück, deine Freude am Leben und vor allem wird dich das Zerstören was du selbst Erschaffen hast... Nämlich ihr Hass auf dich...
Du hast in Aufgebaut.. Du hast ihn Gefüttert.. Du hast ihm mit deinen Taten immer mehr Kraft und platz zum Wachsen gegeben in ihrem Herzen das einst mal voll von Liebe gegenüber dir gefüllt war...

Du wirst alles Vermissen und das was sie dir gab in anderen Frauen suchen und nie wieder finden... Weil eine Frau wie „Sie“ kommt nur einmal in dein Leben aber wenn „Sie“ geht....

Dann geht sie für immer...

Und mit ihr, geht auch ein Teil von dir...
Dieser Teil lässt in dir eine Leere zurück, eine Leere die jedes mal wenn dich etwas an sie Erinnert, ein Duft, eine Haarfarbe, ein Lied, ein Ort, ein Wort, ein Name, eine Frau... „Sie“....

Dann wirst du in dieser leere ein leichtes stechen spüren... Das dich daran Erinnert und dir leise flüstert „Sie.. Die eine.. Besondere... Die immer ein Teil deiner Vergangenheit bleibt...“

Der Poet

Zeig mir wieder wie man Liebt...

Irgendwann kommt die eine Frau in mein Leben... Die das Licht und Wärme in meine dunkle, kalte Zelle der Sehnsucht bringt...
Eine Frau die mir mit nur einer Berührung all die Angst vor Nähe nimmt, die meine Hand ergreift, um mich auf den rechten Weg zu führen...

Sie spürt die Unruhe in mir, die sie aber mit nur einem Streicheln über meinem Kopf bändigt, Sie bringt eine wundervolle Stille in mein Leben, eine Stille die meine vor Lügen schon taube Seele braucht... Ihre Schwächen sind meine Stärke und meine Schwächen sind ihre Stärken...

In ihrer Nähe kann ich die Augen schießen und sehe trotzdem die schönsten Dinge, in Ihrer Nähe habe ich wieder ein Glänzen in den Augen und in ihrer Nähe erscheint alles schlechte so Fern...

Es ist ihre Art wie Sie mein Gesicht in ihre kleinen Hände nimmt und mir tief in die Augen blickt, dabei all das sieht, wofür alle anderen blind waren..

Sie sieht im Gegensatz zu dem Rest der Welt, mein Inneres, meine Seele und Sie spürt meinen Herzschlag...

Ich weiß irgendwann kommt diese Frau, die mir wieder zeigt wie man Liebt...

Der Poet

1/2
Trennung...

Wir kennen es alle das Gefühl verlassen zu werden von dem einen Menschen der uns Versprach es niemals zu tun..
Die einen Zerbrechen daran, wie ein Boot das einen Felsen rammt, einem Felsen der gebaut ist aus leeren Versprechen, enttäuschter Liebe und verletzenden Worten...
Die einen wachsen daran; andere werden dadurch stärker als zuvor, wie eine Blume die einen Sturm überstand...

Doch eines haben beide gemeinsam; der Zerbrochene und der, der daran gewachsen ist, es hat sie beide Verändert...

Komplimente sind nicht mehr Musik für ihre Ohren und das Ego.. Nein, sie haben gelernt das die schönsten Worte beim Kennenlernen nur der Eroberung dienen und diese Komplimente sich in Luft auflösen sobald die meisten Menschen haben was sie wollten...

Versprechen sind nicht mehr der Grund für Hoffnung und Vertrauen... Nein, jedes Versprechen ist eine Lüge bis sie nicht von einer Tat abgelöst wurde...

Liebe ist nicht mehr nur an gesprochene Worte gebunden wie einst... Nein, wenn dieses Kribbeln im Bauch nicht da ist in der Nähe des einen Menschen, wenn wir keine Gänsehaut haben bei jeder Berührung dieses einen Menschen, wenn wir nicht Lächeln in dem Moment in dem der Name des einen Menschen ausgesprochen wird und wenn wir nicht an allem mehr Freude, mehr Glück, mehr Träumen und mehr Leben einatmen in der Nähe dieses einen Menschen, dann ist es auch keine Liebe...

2/2

Trennungen haben nicht nur schlechte Seiten, wir Menschen müssen Fallen um das Fliegen zu lieben, wir müssen manchmal verletzt werden, um zu wissen das es nicht jeder gut mit uns meint da draußen, wir müssen belogen werden um unsere Neugier auf die Wahrheit zu erhalten und manchmal müssen wir erst gehen um zu sehen, wer uns Vermisst...

Und manche von uns müssen Zerbrechen, um sich zu finden, andere müssen an solchen Trennungen wachsen weil ihr Charakter noch zu klein war für etwas Großes wie die Liebe...

Du wirst sehen, ja du der das gerade liest und eine Trennung hinter dir hast, all deine Fragen sie werden dir Beantwortet, vielleicht nicht heute, morgen oder auch nicht nächste Woche aber mit der Zeit wirst du sehen das es so kommen musste wie es gekommen ist...

Eine Trennung ist kein Ende... Es ist eine Chance für ein Neuanfang...

Nutze den Neunfang und verschwende keine Zeit
Menschen hinterhertrauern die ohne dich Lachen und heute an Dir vorbeigehen als wärst Du nie ein Teil ihres Lebens gewesen...

Egal wie schlecht es Dir momentan geht... Denke immer daran, ein schlechtes Kapitel gehört zu jedem gutem Buch, das trotzdem mit einem Happyend auf der letzten Seite wartet..

Der Poet

1/2

Es ist Dir nicht immer bewusst aber doch schreibst Du jeden Tag in deinem „Buch des Lebens“ eine weitere Seite mit jedem Tag den Du lebst....
Satz um Satz, Entscheidung um Entscheidung...
Seite um Seite, Tag um Tag deines Lebens...

Leider ist uns das allen nicht ganz bewusst sonst würden wir manche Dinge anders machen, bei gewissen Entscheidungen würden wir uns länger Zeit lassen und manche Menschen länger zappeln lassen bevor wir ihnen vertrauen...

Wir Leben in den Tag hinein und vergessen sehr oft das die Dinge die Du heute machst sich immer auf dein Morgen auswirken, wir lieben zu schnell und bedenken dabei nicht das uns dieses Lieben heute vielleicht für immer Verändert im Morgen... Das die Zeilen die Du mit Erfahrungen in das Buch einträgst nie wieder Löschen kannst, das gewisse Namen, Orte, Lieder und Bilder dort immer wieder auftauchen ob Du es willst oder nicht, denn Sie sind mit Lesezeichen markiert, Du nennst Sie „Erinnerungen“...

So schreiben und schreiben wir unaufhörlich, Zeile für Zeile nimm dein Buch und mit ihm dein Leben Gestalt an... Wir blättern und blättern immer weiter.. Anfangs sind die Seiten voll mit Rechtschreibfehlern, das sind deine Fehltritte und Dinge die Du falsch gemacht hast weil dir einfach die Erfahrung zu dieser Zeit fehlte... Wir Blättern weiter, die Seiten die anfangs Dünn, weich und leicht zu zerreißen waren so wie dein Charakter der Naiv, blauäugig und leicht zu Enttäuschen war... Mit dem Fortschritt des Buches werden sie fester und stärker so wie dein Charakter... weil er an den Erfahrungen gewachsen ist...

2/2

Und wir schreiben über Menschen die uns begegnen, die uns das Schicksal über den Lebensweg laufen lässt oder einfach nur Menschen die mal alles für dich waren und heute weißt Du wenn du ehrlich zu dir bist gar nicht wie sie zu diesem „alles“ mal wurden in deinem Leben...

Vielleicht waren einige Menschen in deinem Leben nur ein Kapitel...
Andere wurden wiederum nur in einem Satz erwähnt und manche wurden wieder ausradiert...
An manche hast Du gedacht aber sie waren es nicht Wert das du über sie schreibst..
Dann gibt es auch welche die auf jeder Seite vorkommen und trotzdem nicht wichtig sind, es gibt aber auch welche die sehr selten vorkommen aber doch irgendwie sehr wichtig für Dich sind...

Manchmal hast du gezittert beim Schreiben, weil du dir nicht sicher warst bei gewissen Entscheidungen...
Ab und zu hast du Rechtschreibfehler in deinen Sätzen, weil du in dem Moment in dem etwas passierte, verwirrt warst vielleicht sogar nicht klar sehen konntest weil es die Gefühle nicht zugelassen haben das du klar entscheiden kannst...

Wir selbst spielen bestimmt auch in anderen Büchern von Menschen eine Rolle, vielleicht nur eine Nebenrolle andere von uns wiederum eine Hauptrolle...

Aber eigentlich wollen wir alle die eine Person sein die in einem anderen Buch des “Lebens„ von Anfang bis zum Ende die Hauptfigur ist...

Ich wünsche Dir der das gerade liest, dass Du in einem Buch die Hauptrolle bist mit einem Happy End...

Der Poet

1/2
Ich bin beeindruckt...

Von Menschen die noch Zuhören, in einer Welt in der dich niemand mehr Aussprechen lässt weil er dir unbedingt seine Meinung dazu sagen will...

Von Menschen die eine Geschichte haben.... Eine Geschichte die ich in ihren Augen finde, bei Ihnen erkenne ich an der Art wie sie Sprechen das dass Leben oft versuchte sie zu Brechen und mich beeindruckt das Gefühl eines guten Zuhörers das sie mir geben, wenn ich ihnen etwas Erzähle...

Ich bin beeindruckt von „Ihr" weil Sie noch ihr Glänzen in den Augen hat auch wenn Sie Meere von Tränen geweint hat, beeindruckt von ihrem sanften Lächeln obwohl ich weiß das Sie etliche Stunden und Nächte in Trauer verbrachte.... Sie Beeindruckt mich das Sie ehrlich blieb, in einer Welt in der Sie von Lügen umzingelt ist... Beeindruckt bin ich von der Art wie Sie mit all dem schlechten um sie herum umgeht... Aber am meisten Beeindruckt mich bei ihr das sie nicht durch ihre „Hülle" andere Menschen versucht zu „Beeindrucken" nein... Sie macht es durch ihr Inneres...

2/2

Ich bin beeindruckt von „Ihm", weil er noch weiß wie ein Mann sich benimmt in einer Welt von ewigen Jungs... Er will Lieben auch wenn alle anderen nur Sex wollen, er will dich Umarmen, deine Stirn küssen und dir den richtigen Weg zeigen... Mich beeindruckt er, weil er zeigt was er fühlt und wenn es schwäche ist zeigt er auch sie... Weil er ein Mensch ist in einer Welt in der alle ihre Menschlichkeit hinter lächelnden Profilbildern verstecken... Es ist auch beeindrucken für mich wie standhaft er bleibt wenn alle anderen sagen „Männer machen das nicht" er geht seinen Weg... Doch das beeindruckendste ist das er für die Werte an die er glaubt, Familie, Liebe, Ehrlichkeit, Treue, Freundschaft, Loyalität, Respekt, Klugheit, Gerechtigkeit, Mut, Bescheidenheit, Hilfsbereitschaft, Toleranz, Seelengröße, Sanftheit und vor allem Menschlichkeit jederzeit Bluten würde wenn es sein muss.... Das Beeindruckt mich....

Aber ist es nicht so, das wir Menschen leider immer mehr versuchen andere zu Beeindrucken von uns selbst...?
Wir müssen wieder lernen für unser Lächeln, unsere Eigenliebe, unser Herz und unsere Seele was zu tun... Wenn Du darauf wartest das jemand kommt und dich plötzlich Glücklich macht, und deinem Leben einen Sinn gibt, dann ist das deine Garantie, um Enttäuscht zu werden... Egal wer derjenige ist und auch egal wie gut er zu dir ist, weil du einfach ERWARTEST das jetzt alles besser wird nur weil dieser Mensch jetzt in deinem Leben ist... Und auf jede Erwartung folgt die Enttäuschung...

Am Ende des Tages wenn Du in deinem Bett liegst, wird dich der Tag fragen „Was hast Du heute getan, um DICH Glücklicher zu machen..?" Und wenn Du in deiner Antwort dann immer andere Namen wie deinem Nennen musst, dann ist es leider nicht mehr dein Leben.... Besser gesagt es ist dein Leben aber Du lebst für ANDERE... Weil du sie versuchst zu Beeindrucken...

Der Poet

Die Innere Leere...

Ich fühle und hasse sie Tagtäglich diese Leere in mir, die mich vergessen lassen hat wie es ist ehrlich zu Lachen... Die mir die Luft abschnürt, wenn ich das Glück einatmen will..
Es ist diese Leere die mich mitten im Sommer frieren lässt, weil sie mein Herz im ewigen Winter gefangen hält... Diese Leere ist es auch die mich in den Ketten der Vergangenheit hält und mir so die Zukunft zerstört...

So oft sitze ich da, mein Blick ist so leer wie mein inneres, meine Gedanken sind dann so weit weg von meinem Körper und dem Ort an dem ich bin das ich mich für Minuten verliere und plötzlich ist der Tag schon um... Und ich merke das ich wieder einen Tag von meinem Leben verpasst habe nur weil diese Leeren Gedanken mich beherrschen...

Oft ist es so dass man nicht versteht, was diese Leeren Gedanken einem sagen wollen, doch sind es Rufe die aus weiter Ferne zu Dir durchdringen wollen...
Das sind Schreie deiner Seele die sich von dieser Leere in Dir befreien will...
Doch aus Angst, kämpfst du gegen diese Schreie von innen an.. Du hast Angst davor, wieder diese Trauer oder diesen tiefen Schmerz spüren zu müssen...
Diesen Schmerz den du vergessen wolltest und genau dieses Vergessen brachte diese Leere mit in dein Inneres...

Du denkst, Du kannst diese Leere verbergen oder gar tief in dir verbannen...
Du denkst, dass Du Dich dagegen wehren kannst und das verstecken kannst, was von innen nach außen will....

Und ohne es zu merken, kämpfst du jeden Tag gegen dich selbst und merkst nicht wie Du Dich belügst...
Machst den anderen was vor, aber irgendwann schreit die Seele ihre Worte mit verzweifelter Wut heraus...
Die Mauer die du zum Schutz hochgezogen hast, zerbricht an ihrem durchdringenden Schall...

Es sind Schreie die dir weh tun werden und Tränen die geweint werden müssen, denn wenn Tränen anfangen deine Wangen sanft zu küssen, hat deine Seele diese innere Leere endlich überwunden...

Die Wenigsten kennen sich selbst oder ertragen sich selbst und stehen zu ihrem „echten“ Ich...
Sie Erschaffen eine Welt die nicht existiert und leben sich dort so tief ein, dass sie mit der Zeit vergessen, wer sie wirklich sind... Setzen Masken auf und fühlen sich wohl dabei...
Sie wollen auf einmal jemand sein, der sie nicht wirklich sind oder nie sein werden...
Sie wollen mit einem falschen Gesicht glänzen..? Das ist nicht schwer.. Geliebt zu werden für das, wer man hingegen wirklich ist...? Das ist sehr schwer in diesen Zeiten..

Man sollte eine Leidenschaft, ein Gefühl, einen Gedanken oder das Leben, niemals wegen einer anderen Person aufgeben oder so weit verändern das es nicht mehr deine Leidenschaft ist, nicht mehr deine eigenen Gefühle beflügelt, nicht mehr deine Gedanken sind die dir durch deinen Kopf gehen und vor allem sollte es nicht dein ganzes Leben so sehr verändern das du es nicht mehr erkennst...

Denn ein Mensch der dich wirklich mag oder dich von Herzen liebt, steht immer hinter dir...
Auch dann, wenn du mal eine falsche Entscheidung getroffen hast...

Dieser Mensch vermag es die Melodie deines Herzens zu spielen, wenn du sie vergessen hast..
Dich zu ermutigen, wenn deine Welt mal wieder zusammen bricht..
Dich an die Hand zu nehmen, wenn du dich in dem Labyrinth der Trauer verirrt hast..
Dir die Augen zu öffnen, wenn sie verschlossen sind und dein Herz schlagen zu lassen, wenn du nichts mehr fühlst..

Es ist wichtig sich selbst nie zu leugnen, denn es gibt Menschen, die uns für all das Lieben.. Jene, die das nicht zu schätzen sehen und wissen, sind meist auf anderes bedacht und deren Zeit in deinem Leben, ist meist nur von geringer dauer...

So schätze die Menschen, die dir Gutes wollen, vergiss jene, die dich nur ausnutzen und dich auf falsche Wege leiten und vor allem, denke am Ende immer an DICH selbst schließlich bist du alleine auf diese Welt gekommen und du wirst sie auch sicher wieder alleine verlassen....

Der Poet

1/2
Ausgetauscht...

Du lernst jemanden kennen und Du gibst diesem Menschen all das was er doch eigentlich braucht und dir immer Erzählte, dass er das sucht...

Du gabst ihm Zeit, was etwas sehr Kostbares ist weil man sich Zeit egal wie Reich man ist niemals wieder zurückkaufen kann...

Du gabst Aufmerksamkeit, etwas das heute jeder haben will aber selten gegeben wird...

Du gabst Zuneigung die aus tiefstem Herzen kam, aber so oft auf eine kalte Schulter traf...

Du hast ihm das Gefühl von einer süßen Liebe gegeben und dir auch mühe, dass sie immer so schmeckt wie am ersten Tag...

Du hattest immer ein offenes Ohr als ihm sonst niemand mehr Zuhören wollte..

Du gabst ihr eine Schulter zum Anlehnen, als ihr Kopf schwer wurde wegen der Sorgen und Probleme die ihr das Leben machte...

Du hast sie umarmt mit starken Armen die sie beschützen und sie ihr zeigen das sie in deiner Welt willkommen ist...

Du hattest für sie ein starkes Herz das Kämpfte bis zum Schluss und mit jedem Schlag mehr für sie als für dich Schlug...

Du hast jeden Kuss ehrlich gemeint und jedes weitere Wort, dass von deinen Lippen kam...

2/2

Doch am Ende wurdest auch Du „Ausgetauscht“ weil Menschen heute nichts mehr „Reparieren“ Nein, sie Kaufen sich das neuere bessere Modell so gehen sie auch mit Gefühlen, Menschen und Beziehungen um...

P.s:

Du solltest trotzdem nicht aufgeben daran zu Glauben dass da draußen jemand ist der so denkt, fühlt und dieselben Werte vertritt wie Du... Egal wie viel schlechte Menschen deinen Weg im Leben kreuzten, lass sie ruhig... Sie bringen dir bei was nicht gut für dich ist, was du nie mehr haben willst, was du nie mehr fühlen willst und vor allem lernen sie dich wie es ist so schlecht behandelt zu werden dass du im Endeffekt nie auf die Idee kommst jemanden so zu behandeln weil du den Schmerz, die Enttäuschung und dieses Gefühl „Ausgetauscht“ zu werden kennst...

Und wenn du doch denkst „Ich werde jetzt auch so und werde niemandem mehr Vertrauen, will nicht mehr Lieben, werde auch keine Gefühle mehr zeigen nur noch Kälte will ich geben“ dann sage ich dir offen und ehrlich dann hast du es nicht verdient dem/der richtigen zu begegnen weil du mit dieser Art auch diese Vertreiben wirst und doch wieder alleine wärst...

Behalte deine Art bei egal wie stark die Enttäuschung in der Vergangenheit war, wie tief die Narbe ist und wie hart dich das Leben traf... Am Ende wirst du dem Menschen begegnen den du mit deiner Art angezogen hast... Und kalte, misstrauische und herzlose Menschen ziehen auch keine „guten“ Menschen an...

Der Poet

Zorn, Wut, Hass und Neid sind Gefühle als ob du ein heißes Stück Kohle in der Hand hältst mit der Absicht sie auf jemanden zu Werfen...

Du wirst „Zornig“ und mit voller Kraft dieses Stück Kohle festhalten, der Zorn beherrscht dich weil du „Wütend“ bist auf dinge die dir passiert sind und der „Hass“ flüstert dir immer wieder ins Ohr „Alle sind gegen Dich, sowas passiert immer nur Dir, Du bist ein Pechvogel usw..“ obwohl es doch eigentlich nicht so ist... Jedem passiert mal ein Unglück, jedem von uns geht es mal Schlecht und auch jedem von uns spielt das Schicksal manchmal einen Streich...

Aber weil dich der Zorn, die Wut und der Hass so im Griff haben wie deine Hand dass heiße Stück Kohle, genauso wird der „Neid“ in dir Wachsen, um so länger du dieses Stück Kohle in der Hand hast umso schlimmer deine Wunden und Verbrennungen, aber du wirst niemals dem Stück Kohle die Schuld geben an deinen Verbrennungen und deinen Wunden...
Nein, wir Menschen sind nun mal so... Wir suchen den Grund nie bei uns selbst und deshalb wollen wir es jemandem „zurückzahlen“ und geben dem „Neid“ ins die Macht und die Kontrolle...

Solche Menschen die dieses Stück Kohle so festhalten und somit auch voller Zorn, Hass, Wut und zerfressen vor Neid sind, solche Menschen sind gegen alle die anders Denken, anders Leben, mehr Glück hatten im Leben ihre Liebe im Gegensatz zu ihnen gefunden und vor allem behalten haben... All diesen Menschen gönnt dieser Mensch mit dem Stück Kohle nicht, da zwar nicht alle aber sehr viele Menschen heutzutage nach dem Gedanken „Habe ich es nicht, soll es auch niemand sonst haben“ Leben..

Lass nicht zu das dieses Stück Kohle dich beherrscht, lass los..
Jage nicht alten Feinden hinterher... Vergebe ihnen, es wird dich frei machen und Sie überraschen...
Rede nicht schlecht hinter Menschen die du mal liebtest und gönne ihnen ihr neues Glück... Es wird dein Herz wieder gesund machen und den anderen deine Größe und deinen Charakter zeigen..
Du bist niemandem was Schuldig, keine Rechenschaft, keine Erklärungen und auch keine Rache... Es wird deine Seele befreien und alle anderen werden Erkennen was für ein toller Mensch du bist...

An die, die dieses Stück Kohle noch in der Hand halten... du wirst sehen am Ende wird sie nicht nur deine Hand verbrannt haben... Nein, Sie wird den Menschen der du mal einst warst von innen Verbrennen und somit für immer Verändern.. Ins Negative...... Lass das nicht zu...

Der Poet

Und dann drehst du dich in Gedanken um, blickst zurück auf Momente die deinem Charakter den letzten Schliff gaben um so zu werden wie du heute bist, blickst zurück auf Bilder die sich fest eingebrannt haben in deinem „Album der Momente“, Bilder die Seite um Seite eine Veränderung aufzeigen und damit meine ich nicht dein Aussehen....

Viel mehr meine ich deine Seele, dein Herz, deine Art zu Lächeln, und vielleicht meine ich damit sogar deinen Blick den du hast wenn du mal wieder in Gedanken versunken ins Leere blickst... Ja das sind all die kleinen Dinge, die wenn man Aufmerksam ist eine ganze Lebensgeschichte erzählen können über einen Menschen der schon viel durchgemacht hat....

Vielleicht bist du Still, doch deine unbewussten Gesten sind laut für den der sie Deuten kann, vielleicht wirkst du Verschlossen und ein wenig Langsam, dabei bist du nur ein aufmerksamer Beobachter in einer Welt in der jeder Blind durch den Alltag rennt...

Sie sagen deine Augen wirken so als sehen sie durch einen hindurch, dabei ist es nur dein Blick der das innere eines Menschen zu sehen versucht, vorbei an der „Hülle“ in die Seele hinein, weil du gelernt hast das die Hülle ein Lügner ist....

Dann drehst du dich in Gedanken wieder nach vorne und bist bereit für den Weg der dir bevorsteht, du hast Höhen und tiefen hinter dir, das Schicksal hat dir schon ein paar Kinnhaken verpasst, du kennst den Ablauf und weißt das es immer wieder kommen wird... Die Höhen und tiefen... Aber auch die Kinnhaken.. Sie kommen immer wieder...

Diesmal bist du aber Bereit, nicht so wie damals, als du noch Naiv und ohne Narben und dem Glauben das Leben sei fair hinaus in die Welt gingst...
Du hast dich Verändert... Dein gelebtes Leben hat dich Verändert... Und das ist gut so...

Der Poet

Auf den nun Folgenden Seiten, kommen einige Kurztexte und Zitate von mir, die mir besonders gefallen.

Ich bin mit den Jahren zu einem „einfach gestrickten" Menschen geworden, willst du bleiben, werde ich Loyal an dir Festhalten, willst du gehen, würde ich dich nie aufhalten...

Diese Energieraubenden Kämpfe um jemanden der für sich schon beschlossen hat zu gehen, muss ich mir nicht mehr geben, ich muss niemandem mehr „schmackhaft" machen das es schöner wäre zu bleiben...

Wie die „alten" schon sagten, wer bleiben will findet immer eine Lösung und wer gehen will, findet immer einen Grund, vollkommen egal wie sehr du Kämpfst...

Der Poet

Es gibt „Jungs" die halten in ihrer Hand eine wunderschöne Blume, richten ihre Augen aber auf fremde Gärten um dort vielleicht eine noch „schönere" zu finden...

Und es gibt „Männer", die ab dem Moment in dem sie diese eine wunderschöne Blume in ihrer Hand halten, anfangen einen eigenen Garten, nur für diese eine Blume zu erschaffen und diesen Garten nennen sie dann „Familie"...

Der Poet

Hab keine Angst etwas zu Verlieren, das nicht echt wahr...

Du verlierst nur die Illusion, und gewinnst die Realität zurück..

Der Poet

Hey liebes, hier ist die kalte dich in die Realität zurückholende Wahrheit... Wenn du ihm etwas bedeutest, wird er es dich Spüren lassen, es ist nicht dein Job Detektiv zu Spielen um seine Andeutungen zu Entschlüsseln. Wenn er dich in seinem Leben haben möchte wird er dich das Wissen lassen, liebes es steht dir nicht, dich in ein Leben zu drängen in dem er dir die Rolle eines Hotels gibt, nicht die eines Zuhauses, mach das nicht liebes, es lässt dich Schwach und verzweifelt wirken.

Wenn er dich Glücklich sehen will, dann wird er Dinge tun von denen er weiß sie bringen sein Mädchen zum Lächeln, wenn er weiß es Verletzt dich wenn er bestimmte Dinge tut und sie trotzdem macht, liebes dann weißt du was zu tun ist... Aber ich weiß auch dir fehlt die Kraft alles hinter dir zu lassen... Träume und Zukunftsvisionen zu Begraben...

Hey liebes, eines noch... Das Leben hält noch so viel Schönes für dich bereit, gib dir Ruhe, gib dir Zeit, finde dich selbst und entdecke all die kleinen Dinge um dich herum die dir im Kampf um ihn nicht aufgefallen sind weil du Tage verschlafen und Nächte durchgemacht hast im Glauben die Zeit stehe still und das Leben wartet auf dich... Vergeude die beste Zeit deines Lebens nicht liebes... Denn keiner von uns ist unsterblich....

Der Poet

Die Türen, die wir wirklich nie wieder Öffnen werden, sind nicht die, die wir laut zugeschlagen haben...

Sondern die, die wir leise geschlossen und hinter uns gelassen haben, ohne uns noch einmal umzusehen...

Weil wir im stillen Abgeschlossen haben mit dem was hinter dieser Türe lag und immer noch liegt...

Ohne Drama und ohne viel Lärm...

Der Poet

Natürlich kannst du von einem Flirt zum nächsten springen, keine Party auslassen, es genießen wenn Menschen um dich Kämpfen während du dich schon nach was neuem Umsiehst..

Du kannst das alles tun, aber bedenke, irgendwann sind die Partys vorbei, dein Aussehen Vergangenheit und niemand mehr da, der bereit ist um dich zu Kämpfen...

Der Poet

Man darf um alles Weinen...

Aber man darf sich von nichts, kaputt machen lassen..

Der Poet

Irgendwann verlieren Geschichten aus der Vergangenheit ihre Dramatik und schnüren einem nicht mehr den Brustkorb ab, während man sie Erzählt...

Obwohl sie einen fast mal umgebracht hätten...

Der Poet

Es braucht ein starkes Herz, um zu lieben, aber es braucht ein beinahe schon übermenschlich starkes Herz um weiterhin zu lieben, nachdem es verletzt worden ist...

Der Poet

8245446R00101

Printed in Germany
by Amazon Distribution
GmbH, Leipzig